新时期职业教育国际化发展探究

徐 瑾 著

中国纺织出版社有限公司

内 容 提 要

本书以职业教育国际化为背景，主要通过比较当代代表性国家或地区职业教育国际化进程中的路径选择特征，分析其一般规律和主要的影响因素，界定并阐述了新时期职业教育国际化的内涵、维度、核心要素等理论问题，有助于廓清当前对高职院校国际化发展的认知，并结合我国职业教育国际化进程及现行路径的剖析，进而探讨我国职业教育国际化发展路径框架的选择构建问题。本书内容既有职业教育国际化工作的实践积累，也有对新时期职业教育国际化发展的思考和理论创新，可为国内高等职业教育的国际化发展提供借鉴。

图书在版编目（CIP）数据

新时期职业教育国际化发展探究 / 徐瑾著 . -- 北京：中国纺织出版社有限公司，2024.4
ISBN 978-7-5229-1693-4

Ⅰ.①新… Ⅱ.①徐… Ⅲ.①高等职业教育—国际化—研究—中国 Ⅳ.① G718.5

中国国家版本馆 CIP 数据核字（2024）第 078129 号

责任编辑：张 宏　　责任校对：王蕙莹　　责任印制：储志伟

中国纺织出版社有限公司出版发行
地址：北京市朝阳区百子湾东里 A407 号楼　邮政编码：100124
销售电话：010—67004422　传真：010—87155801
http://www.c-textilep.com
中国纺织出版社天猫旗舰店
官方微博 http://weibo.com/2119887771
三河市宏盛印务有限公司印刷　各地新华书店经销
2024 年 4 月第 1 版第 1 次印刷
开本：787×1092　1/16　印张：10
字数：180 千字　定价：98.00 元

凡购本书，如有缺页、倒页、脱页，由本社图书营销中心调换

Preface
前言

　　教育国际化是指在经济全球化、知识经济一体化的背景下，各国充分利用国际、国内教育市场，有效配置本国的教育资源与要素，培养出具有国际视野和国际竞争力的高素质人才。

　　作为与经济社会发展紧密联系的教育类型，职业教育国际化的使命在于培养具有国际意识、国际沟通能力和竞争力有关的生产、建设、服务、管理第一线的技术技能人才，支撑我国产业和企业走向国际，助力国家经济发展战略和国际合作倡议的实施。同时，职业院校通过国际化建设，向全球共享我国职业教育的理念、经验和成果，提升我国职业教育在世界职业教育界的话语权。

　　本书介绍了国内外高等职业教育国际化的相关研究，对高等职业教育国际化的内涵进行了界定，叙述了我国高等职业教育发展历程，分析了我国高等职业教育国际化过程中取得的成绩及存在的问题。本书对我国高等职业教育国际化的动因、动力机制和影响因素进行阐述，总结了美国、德国、英国、澳大利亚四个发达国家高等职业教育国际化的经验，提出了我国高等职业教育国际化的发展战略，具有一定的出版价值。

　　本书在编写过程中，收集、查阅和整理了大量文献资料，在此对学界前辈、同仁和所有为此书编写工作提供帮助的人员致以衷心的感谢。由于笔者能力有限，编写时间较为仓促，书中难免有错漏之处，还请广大读者给予理解和不吝指教！

徐　瑾

2023 年 10 月

Contents
目录

第一章　新时期职业教育国际化发展的背景和意义　1
 第一节　新时期职业教育国际化发展的背景　1
 第二节　新时期职业教育国际化发展的意义　7
 第三节　高等教育国际化和职业教育国际化的内涵　10

第二章　职业教育国际化的基本理论　19
 第一节　职业教育国际化的必然性　19
 第二节　职业教育国际化的标准　24
 第三节　我国职业教育国际化面临的机遇与挑战　35

第三章　新时期职业教育国际化发展路径中的主要问题　49
 第一节　职业教育国际化人才培养相关问题　49
 第二节　职业教育国际化管理问题　56
 第三节　职业教育国际化路径选择的影响因素　60

第四章　职业教育国际化的国外实践路径借鉴　69
 第一节　美国职业教育国际化发展的措施　69
 第二节　德国职业教育国际化发展的措施　77
 第三节　英国职业教育国际化发展的措施　84
 第四节　澳大利亚职业教育国际化发展的措施　92

第五章 新时期职业教育国际化发展策略 ... 101

    第一节 新时期职业教育国际化认知策略 ... 101

    第二节 新时期职业教育国际化推进策略 ... 105

    第三节 新时期职业教育国际化保障策略 ... 118

第六章 新时期职业教育国际化的创新与服务 ... 127

    第一节 我国职业教育国际化现状分析 ... 127

    第二节 职业教育实践教学模式的创新 ... 136

    第三节 促进中国职业教育国际化策略 ... 142

    第四节 探索输出优质职业教育资源 ... 148

参考文献 ... 153

第一章

新时期职业教育国际化发展的背景和意义

第一节 新时期职业教育国际化发展的背景

一、我国职业教育国际化发展的时代选择

中国特色社会主义新时期，本质上就是彰显中国特色社会主义优越性的时代，是中国实现强起来的时代。新时期为高等职业教育的发展带来了前所未有的机遇和挑战，中国的伟大变革为职业教育国际化提供了强大动力和不竭源泉。高等职业教育要为全面建设社会主义现代化国家、实现中华民族伟大复兴的中国梦提供有力的人才和技能支撑。回望历史长河，每当人类文明之舟行驶到关键交汇口，伟大的思想总能如航标、如灯塔，指引人们前进的方向。

（一）中国特色社会主义进入了新时期

新时期是中国式现代化引领的时期，中国式现代化道路既能加快中国发展，又能保持中国自身的独立性，具有无比的优势。实事求是、以人民为中心、知行合一，是现代化的中国智慧。中国坚持走和平发展道路，以和为贵，与人为善，己所不欲、勿施于人等理念在中国代代相传，深深植根于中国人的精神中。党的十八大以来，中国在参与全球治理、积极推进构建新型国际关系和人类命运共同体等方面开始"领跑"，进入现代化发展的新时期。

中国特色社会主义进入了新时期，这是职业教育国际化发展的时代背景。进入新时期，职业教育在"世界百年未有之大变局"中扮演着重要角色。《中华人民共和国国民经济和社会发展第十四个五年规划和2035年远景目标纲要》提出，"要依托我国大市场优势，

促进国际合作，实现互利共赢"。《教育部等八部门关于加快和扩大新时期教育对外开放的意见》指出，要扩大教育国际公共产品供给。《教育部财政部关于实施中国特色高水平高职学校和专业建设计划的意见》更是明确了职业教育要实现高质量发展、达到国际先进水平这一宏伟目标。以上政策的密集出台，既体现了经济社会发展对大幅提升职业教育国际服务能力的迫切诉求，又充分彰显了我国职业教育积极参与"一带一路"职业教育国际治理的高度自信。

新时期为高等职业教育的发展带来了前所未有的机遇和挑战，中国的伟大变革也为职业教育"走出去"提供了强大动力和不竭源泉，高职院校要顺势而上、抢抓机遇，要"走出去"与"引进来"，努力在国际职业教育体系中建立起具有中国特色的职业教育学术话语体系，为讲好中国故事、实现中华民族伟大复兴添砖加瓦。

（二）构建人类命运共同体

构建人类命运共同体，就是要坚持对话协商，建设一个持久和平的世界；坚持共建共享，建设一个普遍安全的世界；坚持合作共赢，建设一个共同繁荣的世界；坚持交流互鉴，建设一个开放包容的世界；坚持绿色低碳，建设一个清洁美丽的世界。实现第一个百年奋斗目标、开启向第二个百年奋斗目标进军新征程的中国，始终坚持把中国人民的利益同世界人民的利益统一起来，致力于同各国携手推动构建人类命运共同体，为解决人类当前所面临的重大问题，为建设持久和平、普遍安全、共同繁荣、开放包容、清洁美丽的世界，贡献更多中国智慧、中国方案、中国力量。

构建人类命运共同体，陆续被写入党的十九大报告，载入党章和宪法，多次被写入联合国、上海合作组织等多边机制的重要文件，其深远影响正在持续扩大，并随着中国和世界的共同发展进一步彰显。

习近平总书记提出的构建人类命运共同体理念，是处理国际关系最具建设性的纲领，与国际社会最前沿的理念和主张即"教育是全球共同利益"形成共振。在构建人类命运共同体的进程中，要充分发挥教育的基础性、全局性和先导性作用。基于此，构建人类命运共同体理念对职业教育国际化工作提出了新的要求，促使职业教育国际化进入新的发展阶段，即加强全球范围内职业教育的实质性合作，为人类命运共同体的构建奠定人才、科技、文化和民心基础。构建人类命运共同体，既体现了以合作共赢为核心的新型国际关系，反映了我国的大国责任与担当，也为职业教育国际化指明了方向、提出了新要求。

2021年"一带一路"职业教育国际研讨会以"开放·合作·共赢——共同构建人类

技能共同体"为主题,指出要深化"一带一路"职业教育合作,在经济全球化和数字经济背景下,探讨全球职业教育面临的共同挑战,聚焦职业教育在技能形成和建设中的作用,强化技能在提升个人就业竞争力、服务产业优化升级、维护全球产业链供应链稳定中的重要作用,通过构建人类技能共同体,为人类命运共同体建设注入新的动力和载体。基于人类命运共同体理念下的中国职业教育"走出去",不仅是我国经济社会不断发展、国力不断增强的客观需要,也是职业教育自身发展的现实需要。

二、国际化发展是高职院校必经之路

(一)高等教育国际化成为未来的趋势

20 世纪 90 年代以来,经济全球化浪潮席卷世界各国,进一步使全球成为一个紧密联系的复合网络。在这个过程中,文化的多元性与异质性凸显,各国与地区文化互动日益频繁,与教育国际化相联系的国际教育政策与计划普遍推行。随着经济全球化的发展,培养具有国际化视野的人力资源,已成为许多国家发展经济、参与国际竞争的关键要素。各国为了应对教育全球化带来的挑战,顺应高等教育国际化和高等教育在更高层次上合作发展的趋势,巩固高等人才在国际市场上的就业竞争力,提高高等教育的国际影响力,广泛采取加强跨境人才交流、实现高校课程国际化、培养国际型复合人才等新策略,促进世界范围内高等教育进一步合作与交流。目前,北美、欧洲以及日本等发达国家和地区率先起步,亚洲、拉丁美洲、非洲的发展中国家积极参与,已形成了一股前所未有的世界性高等教育国际化潮流。譬如,欧盟出台了包括"伊拉斯谟世界计划"(Erasmus Mundus)在内的一系列高等教育国际化政策和规划,不仅促进了欧洲区域内各国高等教育的融合,也使欧洲高等教育逐渐走向全球。在全球化力量的驱动下,世界各国围绕文化与教育的合作交流愈加紧密,跨国流动的学生日益增多,通过多种形式与途径培养学生的国际意识、全球视野与跨文化交流能力,正在成为国际高等教育未来发展的主要内容。

(二)新时期建设职业院校国际化的必要性

国际化既是世界一流高校的共性特征,也是衡量学校办学实力的一项基本指标。2014年5月,《国务院关于加快发展现代职业教育的决定》发布,文件指出"到2020年,形成适应发展需求、产教深度融合、中职高职衔接、职业教育与普通教育相互沟通,体现终身教育理念,具有中国特色、世界水平的现代职业教育体系"。这里的"世界水平"有两层含义：一是中国特色现代职业教育体系与国际接轨；二是中国特色现代职业教育能够走向世界。

2019年《教育部财政部关于实施中国特色高水平高职学校和专业建设计划的意见》发布，"双高计划"提出，到2035年，争取使一批高职学校和专业群达到国际先进水平，引领职业教育实现现代化，为促进经济社会发展和提高国家竞争力提供优质人才资源支撑。职业教育高质量发展的政策、制度、标准体系越来越成熟完善，已形成中国特色职业教育发展模式。"双高计划"明确提出，要把提升国际化水平作为十大改革发展任务之一，具体指加强与职业教育发达国家的交流合作，引进优质职业教育资源，参与制订职业教育国际标准等。2021年《关于推动现代职业教育高质量发展的意见》明确提出要打造中国特色职业教育品牌，具体来说：要提升中外合作办学水平、拓展中外合作交流平台、积极承办国际职业教育大会等，形成一批教育交流、技能交流和人文交流的品牌；推动职业教育"走出去"，探索"中文+职业技能"的国际化发展模式……积极打造一批高水平国际化的职业学校，推出一批具有国际影响力的专业标准、课程标准、教学资源。职业教育国际化已成为高质量发展的共识，尤其是在我国"一流高职"建设背景下，职业教育国际化已成为新时期高职院校创新发展的重要方向。

三、高等职业教育国际化的动因

高等职业教育国际化有其必然性：首先，高等职业教育国际化是适应经济全球化的需要；其次，高等职业教育国际化有助于国家教育战略部署的落实；最后，高等职业教育国际化有利于高等职业教育自身的发展。

（一）适应经济全球化的需要

经济全球化是一个必然的历史过程，从18世纪的工业革命开始，社会化大生产就出现了经济全球化的雏形。第二次世界大战之后，美国及欧洲的一些发达国家，经济快速发展，资本高度膨胀，它们在全球范围内寻找新市场的欲望也随之增加。尤其是在20世纪下半叶，信息技术在全球经济发展和资源配置中起到了至关重要的推动作用。作为一种新兴的生产要素，信息技术彻底摆脱了国界的限制而在全球范围内实现了自由流动，并成为经济全球化的重要前提与基础。

从经济视角来看，在经济一体化的全球大市场内，资本、物资、信息、人才等生产要素都可以自由流动，跨国公司的数量不断增加。跨国公司的快速发展推动了人才国际化，跨国公司成为世界经济发展的主要组织者，其跨国经营的分支机构在不同区域内持续扩张，此过程急需大量高素质的人才。这些人才既能把握跨国公司的经营理念与企业文化，也要了解目标国的政治、经济、文化特征和截然不同的市场需求。

一方面，随着我国加入世界贸易组织，在世界经济发展的生态圈中，我国经济与其他国家经济的依存关系也逐步强化，国际标准和惯例成为我国经济运行和发展的总规则。若要在短期内赶超发达国家，我国必须抓住技术突破口和抢占制高点，这需要大量高素质的具有创新能力的人才作为支撑。以现代服务业为例，目前国内五星级酒店多数由国外的酒店管理公司经营管理，相当多的总经理为外国人，甚至有些酒店的中层干部会议使用的语言为英语。如果职业院校对这种现状视而不见，不及时加强学生的国际化技能培训，其培养的学生在中高端技能型人才市场竞争中很可能处于劣势地位。

另一方面，国内一批有实力的现代制造、服务、贸易企业开始走出国门，寻找新的市场和发展机遇，这些企业几乎都遇到了同样的难题，即很难找到懂外语、掌握相关技术及有国外工作经历、熟悉国外法律和文化的职业经理人。职业院校若不能培养此类人才，我国现代制造、服务、贸易企业在国外的发展将因人才匮乏而步履维艰。因此，我国的职业院校必须未雨绸缪，紧跟经济全球化的趋势，及时调整办学策略和培养方案。

（二）落实国家教育战略部署的需要

国以人兴，政以才治。人是生产力中最活跃的要素，人力资源是第一资源。人才历来是一个国家经济和社会发展最重要的战略资源，是决定一个国家兴衰存亡的关键。世界各国都非常重视人才开发，尤其注重国际化人才的培养。

我国要实现高水平科技自立自强，归根结底要靠高水平创新人才。要激发各类人才创新活力，建设全球人才高地。要更加重视人才自主培养，更加重视科学精神、创新能力、批判性思维的培养、培育。还要更加重视青年人才培养，努力培养一批具有世界影响力的顶尖科技人才，稳定组织一批创新团队，打造更多高素质技术技能人才、能工巧匠、大国工匠。

当前，在教育国际化的背景下，劳动力就业市场的国际界限越来越模糊，越来越多的企业在全球范围内招聘员工，在全世界范围寻找市场机遇并进行人力资源配置。高等职业院校作为与社会经济发展关系最为密切的教育类型，在培养和培训能适应国内外就业市场需求的高质量应用型人才方面责无旁贷。

（三）高等职业教育自身发展的需要

作为高等教育的重要组成部分，高等职业教育同样肩负着传承人类优秀文化、发展科学技术、推动社会进步的使命。职业院校只有不断融入国际社会，创造条件吸收外国留学生和外籍教师，同时通过各种途径让本国教师和学生走出国门进修深造，尽可能地借鉴和吸收国外优秀职业院校的办学经验，取长补短，逐步提升办学水平，提高国际声誉。当前，国际化水平已经成为衡量高等职业教育质量的一个重要指标。在高等职业教育的发展战略规划中，国际化已经成为一个关键要素。

自 1999 年扩招以来，我国高等职业教育的发展速度与规模扩充速度之快是有目共睹的。高等职业教育的快速发展在一定程度上满足了经济发展对较高层次技术应用型人才的需求，从而实现了高等职业教育的跨越式发展。然而，在繁荣发展的表象背后，我国的高等职业教育也面临着诸多困难。总体而言，这些困难可以归纳为"五少"：社会认同少、法律明细少、政府作为少、办学特色少、就业出路少。这些问题已经严重影响了我国高等职业教育未来的可持续发展。总而言之，较之传统大学，高职院校不仅办学历史较短，而且文化积淀较浅、核心办学理念尚未真正形成。但是对于高职院校而言，完全可以化不利为有利，因为高职院校更容易摆脱本土传统办学思想的束缚从而创造出新的适应我国国情的教育模式。高职院校可以通过合理吸收国际化的办学理念，根据国内外社会发展和产业结构升级的需求，创新人才培养模式，合理设置专业和调整人才培养方案，面向全球培养具有国际交往能力和国际竞争能力的高端技能型人才，从而在国际化进程中获得更大的发展空间。

此外，为打造我国技术技能人才培养高地和技术技能创新服务平台，引领职业教育服务国家战略、融入区域发展、促进产业升级，推进中国教育现代化，2019 年 4 月，教育部、财政部联合发布《关于实施中国特色高水平高职学校和专业建设计划的意见》（教职成〔2019〕5 号），指出"集中力量建设一批引领改革、支撑发展、中国特色、世界水平的高职学校和专业群……到 2035 年，一批高职学校和专业群达到国际先进水平，引领职业教育实现现代化，为促进经济社会发展和提高国家竞争力提供优质人才资源支撑。职业教育高质量发展的政策、制度、标准体系更加成熟完善，形成中国特色职业教育发展模式"。

"双高计划"把提升高等职业教育国际化水平作为重要建设目标，要求深入推进与职业教育发达国家（地区）之间的交流合作，引进优质职业教育资源，参与制定职业教育国际标准，开发国际通用的专业标准和课程体系，推出一批具有国际影响力的高质量专业标准、课程标准、教学资源。积极参与"一带一路"倡议和国际产能合作,培养国际化技术技能人才,促进中外办学交流。探索援助发展中国家职业教育的渠道和模式,开展国际职业教育服务,承接"走出去"中资企业海外员工教育培训,建设一批鲁班工坊,推动技术技能人才本土化。"双高计划"既为我国高职院校教育国际化发展提供了国家层面的政策支持,又为高等职业教育国际化建设实践指明了具体方向,无论是否入选"双高"计划建设学校,高职院校都应积极推进在教育教学资源、师资队伍水平、人才培养体系等方面的国际化办学实践,不断提升高等职业教育国际化水平,推进落实"双高计划"战略目标。

综上所述,高等职业教育国际化是高等职业教育持续发展的内在动力和长远目标,可以促使我国职业院校在教育理念、培养模式、课程设置等方面依据国际标准和要求进行调整与改革。目前,世界各国都在逐步调整本国的高等职业教育发展战略,积极通过国际合作与交流、扩大留学生规模、建立海外分校和实训基地等方式走国际化道路。我国应主动融入高等职业教育国际化发展的浪潮之中,借鉴发达国家的成功办学经验,结合本校的优势学科和特色专业,促进我国高等职业教育的可持续发展。

第二节 新时期职业教育国际化发展的意义

一、有利于提高中国职业教育的国际影响

自2013年"一带一路"倡议提出以来,教育部等部门相继出台支持职业教育国际化发展的政策,尤其是2020年,教育部等九部门印发的《职业教育提质培优行动计划(2020—2023年)》,明确提出实施职业教育服务国际产能合作行动,要加快培养国际产能合作急需人才,提升职业教育国际影响力。推动职业教育办学水平的整体提升,有效支撑国家重大战略,是我国社会主义高职院校办学的重要职责。提升高职国际化办学水平,不仅能推动我国高职走向世界,也能服务和支撑国家一系列重大战略的实施。

一是提升高职国际化办学水平,为"一带一路"建设提供有力支撑。"一带一路"建设涉及大量基础设施、贸易合作项目,需要大批具有国际化视野的高素质专业技术技能人才。提升高职国际化办学水平,为"一带一路"建设提供国际化专业技术人才和专业服务支持,正是支撑国家重大战略实施的具体表现。

二是提升高职国际化办学水平,为我国进一步扩大对外开放提供有力支撑。培养更

多熟悉国际经贸规则、通晓国际事务的高素质专业技术技能人才，为我国引进外资和国内企业"走出去"提供人才支持和技术支撑，助力我国对外开放战略的深入实施。

三是服务国际产能合作行动，加快培养国际产能合作急需人才。2016年以来，中国企业"走出去"步入新常态，而用工难成为制约企业海外可持续发展的"瓶颈"。在此背景下，校企合作"组团出海"成为职业教育"走出去"的主要方式。例如，从2016年天津渤海职业技术学院在泰国建成我国首家境外"鲁班工坊"，到2021年12月3日，我国已在亚非欧三大洲十几个国家建成20个"鲁班工坊"；中国有色金属工业协会协同全国有色金属职业教育教学指导委员会、中国有色矿业集团有限公司与南京工业职业技术学院等8所高职院校，于2019年在赞比亚设立中国—赞比亚职业技术学院（以下简称中赞职业技术学院），为"走出去"的中资企业海外可持续发展提供人力资源支撑，也为赞比亚当地经济社会发展培养了大批优秀技术技能人才；2021年5月，山东职业教育"组团出海"，山东理工职业学院牵头47所职业院校，与中国有色矿业集团有限公司等10余家企业合作建设了中国海外职业技术学院，服务国际产能合作。高职院校积极服务国家"一带一路"倡议，不断扩大中国职业教育和高职院校自身的国际影响力。

二、助力构建人类命运共同体

基于人类命运共同体理念的中国职业教育"走出去"，不仅是我国经济社会不断发展、国力不断增强的客观需要，也是职业教育自身发展的现实需要。

（一）增强我国文化传播力

职业教育作为我国高等教育的重要组成部分，承担着传播先进文化和专业技术人才的社会职能。提升我国高职国际化办学水平，有利于提升我国文化的感召力和影响力，强化国际社会对我国的文化认同，从而增强国家的软实力。

（二）增强我国的国际影响力

高职国际化办学有国内与国外两个"出口"，在国内表现为吸引海外学生留学、外籍教师任教，在国外表现为高职院校与联合国教科文组织、全球各大高校、教育组织等多边机构的合作，开展国际化人才交流与人才培养项目合作，为推动全球教育事业发展贡献中国智慧，而增强我国的国际影响力。

（三）有利于服务就业和民生

职业教育与经济社会发展联系最为紧密，与就业和民生关系最为直接，是培养技术技能人才的重要途径。2016年1月1日正式启动的联合国《2030年可持续发展议程》，将职业教育列为重要内容。职业教育以满足个人就业需求和工作岗位的客观需要为目标，相比其他类型的教育更贴近民生，尤其是对于不发达国家来说，职业教育发展水平更直接关系着就业生存问题。中国职业教育"走出去"，可为合作国培养大批应用技术型人才，有效提升就业竞争力。例如，2021年，北京的多所高职院校积极参加中共中央对外联络部组织的中国职业教育"走出去"相关活动，根据各国青年就业和民生需求，录制实用技术培训课程，对南亚、东南亚国家青年展开培训，在助力当地民生、改善社会服务就业方面发挥了积极的作用；宁波职业技术学院承担了短期、中长期双边、多边等多种形式的商务部援外职业教育培训班，覆盖100多个国家等。职业教育"走出去"，将中国优质职业教育和产品技术带出国门与世界分享，在职业教育领域搭建技能传播与人文交流的平台，促进了各国人民民心相通，有利于维护人类文化和人类社会发展道路的多样性，推动构建更加紧密的人类命运共同体。

三、推动我国特色职业教育高质量发展

依据教育部公布的数据，截至2022年5月，全国共有高职（专科）院校1489所，在数量上高职（专科）院校占据了我国高等教育的半壁江山，经过改革开放四十多年来的发展，我国高职（专科）院校已基本形成具有中国特色的高等职业教育体系，初步具备了"走出去"的基础。

一是职业教育国际化能够借鉴国外先进的教育模式，及时调整我国专业设置和人才培养方案，有利于实现培养具有国际意识、国际交往和国际竞争能力的高端技能型人才的目标，为我国的人才培养模式创新提供重要的支撑。

二是职业教育国际化有利于推动我国职业教育与国际标准接轨。我国高职院校要提升国际化办学水平，需要在参考国际职业教育标准、理念、方法以及模式的基础上，不断优化、调整自身的办学体系，从而推动我国职业教育与国际接轨。近年来，中国的高职院校积极参与制定和开发专业国际标准，面向"一带一路"沿线国家和地区不断输出中国的职业教育教学标准。例如，2019—2021年，在中国相关专业教学标准的基础上，中国—赞比亚职业技术学院依据中国教育理念和教学模式、结合赞比亚教学实际情况研发、制定的机

电一体化等专业教学标准，成为赞比亚国家职业教育教学标准，展现出中国职业教育在服务"一带一路"和人类命运共同体建设中的使命与担当。

三是高职国际化是建立现代职业教育体系的必要补充。在高职国际化办学过程中，不论是引进外籍师资还是开发、实施中外人才交流项目，都需要我国职业教育工作者熟悉国际职业教育标准和相关规则。不断提升师资的国际化水平，也将在客观上推动我国职业教育尽快与国际标准接轨。提升高职国际化办学水平，有利于中国特色现代职业教育走向世界。近年来，我国高职院校创新办学和育人体制机制，加快国际化发展步伐，摸索出了一套行之有效的国际化办学模式，如2015年天津市教育委员会启动的"鲁班工坊"项目研究工作，就取得了显著成效，在推动中国特色现代职业教育走向世界方面发挥了非常积极的作用。

通过推动高职国际化，职业教育"走出去"在系统培养本土高素质技术技能人才、服务中国技术和企业落地生根的同时，也倒逼国内院校淬炼内功，助推专业、课程和资格标准与国际标准接轨，有效拓展了教师国际视野，提升了其国际化教学能力，促进了职业教育的国际化发展。

第三节　高等教育国际化和职业教育国际化的内涵

一、高等教育国际化的内涵

高等教育国际化作为当今世界高等教育发展的一个显著特征，已经成为提升国家高等教育质量、国家创新能力和文化国际影响力的重要途径。人们在讨论高等教育国际化的时候，可以听到一些全新的词语。这些词语在很大程度上都与跨境教育有关，如无国界教育、全球教育、境外教育、教育服务的国际贸易等。

（一）高等教育国际化的定义

高等教育国际化的定义呈现多样化、复杂化和动态化的特征。对高等教育国际化进行定义，大致可以采用4种方法，即活动方法、能力方法、组织方法和过程方法。加拿大高等教育领域知名学者简·奈特（Jane Knight）的定义最有代表性，她倾向于从过程的视角定义高等教育国际化，认为高等教育国际化是将国际化的维度整合到高校教学、研究以及服务功能中的过程。在这里，国际化的维度主要指国际、跨文化、全球的观念，奈特指出，国际化正在逐渐改变世界高等教育。全球化将世界变得更加国际化，关于全球化和国际化的讨论，以及最近快速发展的跨国界高等教育活动，增强了将动因、目的等纳入高等教育国际化定义的趋势。

后来，奈特又进一步将高等教育中的综合国际化活动划分为"国内国际化"（Internationalizationat Home，IaH）和"国外国际化"（International Abroad，IA）两类。国外国际化（IA）侧重于学生或学者的身体移动，例如，一些学生为获取学位或者学分移动至另一个国家进行学习，即普遍意义上留学生所进行的出国留学行为，这种情况通常指学生在一段时间里迁移到另一个国家，并在不同的文化、语言或大学环境中经历积极或者消极的转变。近年来，通过交流与交换形式出国的学生越来越多，且这种学生流动呈现增长趋势。据联合国教科文组织预估，未来几年全球范围内学生流动将呈现总体增长趋势，预计到2025年国际学生将达到800万人。

国内国际化（IaH），又被称为"在地国际化"，这一概念最早由瑞典的本特·尼尔森（Bengt Nilsson）提出，他将其定义为教育领域中发生的除学生海外流动之外的所有与国际事务相关的活动，国内国际化通过让所有学生在求学时期有机会接受国际理念与跨境文化的影响来提升学生自身能力，以应对不断变化的全球化世界。简·奈特也在研究中将跨文化和国际性的教学过程、科学研究、课外活动及当地文化与不同种族团体的跨文化关系，包括外国留学生和学者在大学校园里的生活与活动，纳入"在地国际化"的研究范畴。可以看出，国内国际化的提出旨在让学生所在国的课程更具有国际性，将其他国家的先进知识体验引入国内课堂，让更多的学生可以不出国流动就获得国际化的学习情景、不受到财力物力等限制就可以享受跨文化体验的好处，如大学可以为国际学生和本国学生提供跨文化学习机会或国际化规划等。这些"在地国际化"活动，有助于学生发展跨文化技能，为学生在全球化的世界活动中做好准备。

有关高等教育国际化更全面的定义，来自联合国教科文组织下属的国际大学协会（IAU）对此的定义，高等教育国际化是把跨国界和跨文化的观点和氛围与大学教学、科学研究和社会服务等主要功能相结合的过程，这是一个包罗万象的过程，既有学校内部的变化，又有学校外部的变化，既有自下而上的变化，又有自上而下的变化，还有学校自身导向的变化。

（二）高等教育国际化的内容

在学界，各学者站在不同的角度形成了诸多关于高等教育国际化内容的观点，虽然具体内容有所不同，但基本可以将其归纳出以下四个要点：一是高等职业教育观念的国际化，二是高等职业教育人员的国际化，三是高等职业教育资源的国际化，四是高等职业教育专业、课程设置方面的国际化。我们可以根据高等职业教育与高等教育的共性从这四个要点来阐述高等职业教育国际化的内容。

1. 高等职业教育观念的国际化

我们把高等职业教育的改革与发展放置在全球视野来看，不从某一个区域或者国家来看，即站在战略的宏观角度来看待，高等职业教育的观念是有关职业教育的思想认识，能指导人们的教育活动。在20世纪初，"终生教育""全球教育"等教育观念被提出，在全世界范围内得到认可并被实施。那么高等职业教育国际化的重要内容之一就是教育观点的全球性，也就是观点的全球流动。另外，高等职业教育国际化的人才培养目标定位跟以往的观念有出入。在以往的概念中，高等职业教育人才培养的目标是服务当地，或者特定区域乃至国家的社会经济发展，但是高等职业教育国际化的培养目标是服务全世界，培养的人才是能够深刻理解多元文化的，能在国际化的工作环境中充分与他人沟通思想，能在国际化竞争中取得良好成绩。因此，我们可以认为只有把高等职业教育观念国际化，并且对这一观念理解到位、执行到位，才能实现国际化的人才培养目标。

2. 高等职业教育人员的国际化

这部分人员主要是指政府相关职能部门政策法规制定的决策者，高职院校和部分应用型本科院校的管理人员、专家学者和一线教师以及高等职业教育受教育者。当这部分人员实现国际化后，才能充分理解高等职业教育国际化的观念，才能更好地推动高等职业教育国际化的发展。

3. 高等职业教育资源的国际化

这部分内容主要包括高等职业教育的经费投入、软硬件设施、人力成本以及教育教学的知识和技能。对于大多数国家和地区来说，国际化标准都比本国标准更高一点，那么在以上各方面达到国际化要求后，可以有效提高资源的利用率，有益于本国高等职业教育的发展，推动本国高等职业教育实现国际化发展。

4. 高等职业教育专业、课程设置方面的国际化

要想实现高等职业教育的人才国际化，我们在专业和课程的设置上必须优先国际化。

接受高等职业教育的学生的国际化意识和国际化知识都是通过课程的教学来培养的，这些培养目标的实现都离不开专业和课程的国际化。但是值得提出来的是，在进行专业和课程设置国际化的过程中，一定要注意甄别是否符合本国国情和教育体系，绝不能将其他国家国际化的专业和课程设置全盘照搬过来，否则不仅不能推动高等职业教育国际化发展，还会把本土课程异化，阻碍其发展。

（三）高等教育国际化的维度

高等教育国际化是把国际维度和跨文化维度整合融入高等教育的大学教学、科学研究和社会服务等功能中的过程。简·奈特提出的高等教育国际化的学术策略和组织策略，为高等教育国际化研究奠定了基本框架：学术策略涵盖学术项目、科学研究和学者合作、国内教育和跨境教育、课外活动和服务4个维度；组织策略涵盖管理、运行、服务、人力资源4个维度。根据简·奈特的理论，"学生向外流动""教职工向外流动""课程的国际化""招收外国留学生"等依次为主要的国际化学术策略，因此，高等教育国际化可概括为国际化理念与战略（办学理念、战略规划）、组织与管理（机构、规章制度、经费）、科研与学术交流（科研合作、学术交流）、涉外办学（中外合作办学、境外办学）、学科专业与课程（学科专业、课程）、师生国际交流（教师交流、学生交流）6个维度。

（四）经济全球化与职业教育国际化间的关系

研究一个与教育学相关的问题，一定要将这个问题放在时代背景中进行研究，高等职业教育更是与社会经济发展和产业结构密不可分。高等职业教育国际化这一概念提出的那段时期，我们正在经历经济全球化的变革与发展，因此本书研究高等职业教育国际化必须代入经济全球化这一时代大背景中，即站在经济全球化的角度来开展理论研究。

高等职业教育国际化是在经济全球化的背景中产生的，在经济全球化进程中，社会各领域要进一步得到发展，就必须加强国际交流与合作，高等职业教育正是跟随经济全球化的脚步加快了自身发展，同时加强了自身的国际交流与合作。换言之，我们可以说高等职业教育国际化发展就是经济全球化进程中的产物。在经济全球化的催化下，各国、各地区的高等职业教育的国际合作与交流也得到了快速发展与加强。各国为适应经济全球化，在社会产业结构、人才需求等方面均做了相应的调整，且对国际市场开放。这就迫使与社会经济、产业结构密切相关的高等职业教育向国际市场开放，各国、各地区根据自身高等职业教育水平，选择利用国际高等职业教育资源发展自身水平或者"推销"本国高等职业教育资源，因此呈现出跨国合作办学、跨国职业技术培训等现象。

因此，要想研究透彻高等职业教育国际化这一概念，就必须厘清它与经济全球化之间的关系，下面从几个方面进行分析。

1. 经济全球化是高等职业教育国际化的重要背景

第二次世界大战结束后，全球经济开始复苏，经济全球化进程发展迅速。其主要原因有两个：一是经历战争后，各国对和平的渴望更加强烈，世界也进入了一个和平发展的时期，各国、各地区为了在和平年代得到社会经济的发展和在国际舞台中的政治话语权开始进行更深入、多领域的政治交流、文化互通和经济合作。二是第二次世界大战和冷战结束后全球技术革命时代到来，信息技术、通信技术的发明，特别是近几年互联网技术的发展和应用使国际交流和交往显得更容易。在这样的时代背景下，高等职业教育的国际性变得越来越重要，人们也逐渐将劳动力市场的选择从本国、本地区转向了国际劳动力市场，对国际劳动技能、知识的了解也日益增强。

高等职业教育国际化得到了发展，并且呈现出两种态势，一种是职业教育发达的国家向职业教育不发达的国家提供职业教育援助，双方开展合作；另一种则是高等职业教育水平较差的国家在国际市场上寻求帮助、借鉴经验等。

2. 经济全球化为高等职业教育国际化提供物质基础

世界市场在经济全球化的大力推动下，其规模和生产力都得到了快速的扩大和提升，全球经济得到了很大发展。一是在全球范围内降低了生产成本，优化了资源配置，既提高了效益，但是也对劳动力市场进行了重新分配。二是经济的发展也提高了人们的生活水平，为人们追求更高水平的高等职业教育奠定了物质基础。加之信息技术、通信技术和互联网技术的发展和广泛应用，不仅使跨国间的交流变得更简单，也进一步加速了全球文化和知识的大融合，为高等职业教育国际化提供了技术支持。

3. 经济全球化促进高等职业教育国际交流

经济全球化带来的效果是形成了一种以发达国家为主的，在经济、文化、卫生、教育、政治之间的双向的深入和广泛的交流模式。在高等职业教育国际交流中，一些国家的高等职业教育的理念、课程资源、师资设置等，都会在有意和无意间渗透到其他国家的高等职业教育体系中，但是教育交流是双向的，渗透也会反向进行。高等职业教育的相互渗透，也在创造着新的高等职业教育理念，即形成一种更适合国际市场的高等职业教育体系，这既促进了高等职业教育国际化的发展，也从另一方面推动了经济全球化。

总而言之，经济全球化为高等职业教育国际化创造了环境和物质基础。在这种大背景下，各个国家都逐步扩大了高等职业教育的国际市场，促进了各国高等职业教育跨国发展，也进一步改变了各国高等职业教育的政策和地位。

二、职业教育国际化的内涵

（一）"双高计划"中高职院校国际化的要求

"双高计划"是教育部全面落实《国家职业教育改革实施方案》的重要战略部署，是促进我国高等职业教育高质量发展的国家战略部署，目标是到2035年建成一批"引领改革、支撑发展、中国特色、世界水平"的高职学校和骨干专业（群），引领职业教育实现现代化。"双高计划"具体包括加强党的建设、打造技术技能人才培养高地、打造技术技能创新服务平台、打造高水平专业群、打造高水平双师队伍、提升校企合作水平、提升服务发展水平、提升学校治理水平、提升信息化水平和提升国际化水平10项发展任务。其中，提升国际化水平这一项包括：加强与职业教育发达国家间的交流合作，引进优质职业教育资源，参与制订职业教育国际标准；开发国际通用的专业标准和课程体系，推出一批具有国际影响的高质量专业标准、课程标准、教学资源，打造中国职业教育国际品牌；积极参与"一带一路"建设和国际产能合作，培养国际化技术技能人才，促进中外人文交流；探索援助发展中国家职业教育的渠道和模式；开展国际职业教育服务，承接"走出去"中资企业海外员工教育培训，建设一批鲁班工坊，推动技术技能人才本土化。

教育部和各省的"双高计划"建设内容，虽然侧重点不相同，但提升国际化水平是"双高计划"的重要建设任务，其不但为我国职业教育国际化发展提供国家层面的政策支持，而且为职业教育国际化建设实践指明了具体方向。总之，我国高职院校要积极推进教学标准、师资、人才培养、社会服务等方面的国际化建设实践，不断提升职业教育国际化水平。"双高计划"国际化建设任务如表1-1所示。

表1-1 "双高计划"国际化建设任务

序号	任务
1	积极探索海外办学实体机构建设实践，不断提升国际职业教育服务水平
2	提升"走出去"中资企业员工技术技能培训的质量
3	开发国际标准
4	提升来华留学生教育质量，打造"留学中国"高职品牌
5	引进国际优质职业教育资源，提升资源本土化利用水平

续表

序号	任务
6	承办高质量的中外合作办学项目
7	加强师资队伍国际化建设，促进国际化技术技能人才培养
8	积极开展师生境外交流项目，提升中外人文交流水平

（二）《中国高等职业教育质量年度报告》"国际影响表"的国际化指标

《中国高等职业教育质量年度报告》自首次发布以来，在某种程度上已成为高等职业教育改革和发展的风向标。2017年，该报告增加了由上海市教育科学研究院联合麦可思研究院设置的"国际影响表"指标，以显示我国职业院校国际影响力的发展水平，并对提升我国职业院校国际影响力加以引导。"国际影响表"涵盖学生、教师、专业、课程等不同维度与国（境）外交流合作的情况以及被国（境）外认可的程度，并根据发展进行调整，由此可以分析出职业教育国际化发展方向，即留学生教育从重量转向重质，重视项目长期稳定发展。高职院校要"走出去"，教师赴国外任职，输出教学标准、行业标准；同时，高职院校要"走进去、沉下去"，以切实扩大国际化办学影响力，建立海外"大本营"，扎根国外，融入海外的教育体制，将中国职教标准及行业标准输出，即海外办学不但要"走出去"，还要能站稳脚跟；开发出国际专业标准和国际技能大赛的世界标准；同时被两个和两个以上的国家采纳和认可，即要达到世界先进标准并经得起考验。调整后的"国际影响表"涵盖留学生教育，师生"走出去"实习、培训，教师境外兼职，国际化教学和课程标准开发，国际化技能大赛获奖等几个方面。《中国高等职业教育质量年度报告》"国际影响表"是当前指引我国高职院校国际合作和发挥影响力最重要的风向标，其指标也是职业教育国际化研究必须关注的重点。

（三）新时期职业教育国际化的核心要素

1. 国际化政策

国际化政策是新时期职业教育国际化发展最核心的要素，职业教育国际化是一场自上而下的系统性改革。在世界上，像德国的"双元制"、澳大利亚的TAFE、英国的学徒制等，都离不开国家相关法律法规的支撑。

2013年，习近平总书记提出"一带一路"倡议，致力于在沿线65个国家和地区实现互惠互利、相互促进、共同发展的美好愿景。2014年《现代职业教育体系建设规划（2014—2020年）》提出建设开放型职业教育体系。2015年10月，教育部颁布了《高等职业教育创新发展行动计划（2015—2018年）》。2016年，《推进共建"一带一路"教育行动》公布，为教育领域推进"一带一路"建设提供了政策依据。2019年，《国务院关于印发国家职业教育改革实施方案的通知》发布，提出建设一批引领改革、支撑发展、中国特色、世界水平的高等职业学校和骨干专业（群），推进高等职业教育高质量发展。2021年10月，《关于推动现代职业教育高质量发展的意见》明确提出，要打造中国特色职业教育品牌，努力推动职业教育"走出去"。

从国家宏观政策背景来看，上述文件的出台引领了职业教育国际化发展的方向，为新时期职业教育国际化发展提供了强有力的政策支持。这些国家层面的职业教育国际化政策为我国职业教育"走出去"提供了良好的契机。未来，我国教育行政主管部门仍需站在国家战略的角度，树立"大职业教育观"，借鉴发达国家的国际化交流与合作经验，出台相关的专属政策法规，引导高职院校国际化办学，为我国职业教育"走出去"提供强有力的制度保障和政策支持。

2. 国际化标准

教育教学标准承载着职业教育落实好"培养什么人""怎样培养人"以及"为谁培养人"的历史使命，因此，国际化标准是职业教育国际化的核心要素。我国职业教育标准的国际化经历了从强调在标准制定过程中借鉴国际先进标准到注重推动中国职业教育标准对外输出的过程。《贯彻实施〈深化标准化工作改革方案〉行动计划（2015—2016年）》提出，要围绕"一带一路""中国制造2025"、国际产能和装备制造合作等，推动"中国标准"走出去。《国家职业教育改革实施方案》提出，到2022年，要"建成覆盖大部分行业领域、具有国际先进水平的中国职业教育标准体系"。"走出去"战略中，教育教学标准输出也是"中国标准"走出去的重要体现。教学标准体系是中国高职走向世界舞台的"亮丽名片"。面向"一带一路"沿线国家和地区输出教育教学标准，能将我国先进的职业教育理念、人才培养模式、教育教学内容与方法等传播到沿线国家和地区，有利于提升沿线国家和地区教育教学标准建设与办学水平、人才培养质量，推动我国高职标准建设与内涵同步发展，增强我国职业教育在世界上的话语权，提升中国职业教育的国际影响力。

3. 国际化发展的管理机制

要充分认识国际化是职业教育发展的必由之路，建立健全国际化管理体制机制，是新时期高职院校开展国际化办学的重要前提和保障，是国际化办学有序开展的必要环节。建立健全高职院校国际化发展体制机制，包括完善组织架构、建立协调运行机制和经费保障机制等方面。

首先，要在学校党委外事工作委员会的领导下设立国际交流与合作职能部门，并做好以下工作内容：顶层设计和整体战略谋划；制定并出台国际化工作制度，通过政策完善和机制创新为学校国际化发展的快速推进"保驾护航"；调动一切积极因素，服务职业教育国际化发展战略；承担与国外高职院校的合作交流、留学生派遣、境外培训、合作办学等项目的协调和管理工作；统筹学校国际化发展资源，落实学校国际化发展战略。

其次，要建立国际化协调运行机制，即由国际交流与合作职能部门主导、相关职能部门和教学部门各司其职且密切配合的国际化协调运行机制，实行信息共享机制、激励机制等。

最后，建立国际化发展经费保障机制，政府应设立职业教育国际化经费，学校应对国际化项目的可行性和经费使用绩效进行充分调研和论证，提高专项经费使用绩效，逐步建立国际化发展多元经费筹措机制，加强与"走出去"企业的合作，形成职业教育国际化发展多渠道经费保障机制。

4. 国际化平台

高质量平台是职业教育走向国际化的"立交桥"，对推进职业教育开展国际交流与合作、提升国际影响力具有重要作用。《中国教育现代化2035》指出，要"促进孔子学院和孔子课堂特色发展""鼓励有条件的职业院校在海外建设'鲁班工坊'"等，为职业教育国际化平台营造良好的环境氛围。

第一，职业教育国际化要借助各类世界技能大赛，建立参加世界技能大赛的有效机制，并借助世界技能大赛平台展示中国职业教育的软实力，提升我国职业教育的国际竞争力和国际影响力。

第二，要主导并主动搭建各种形式的职业教育国际化平台，建立双边或多边职业教育国际交流中心，搭建由中外政府部门、行业、企业、院校等多方参与的行业或区域职业教育联盟，打造有影响力的国际职业教育论坛。

第三，积极参与政府或行业协会搭建的"鲁班工坊""郑和计划"、中国—东盟教育交流项目等，服务"一带一路"倡议和国际产能合作，打造中国职业教育品牌。

第二章
职业教育国际化的基本理论

第一节 职业教育国际化的必然性

一、职业教育国际化的概念

(一)职业教育

在《国际教育标准分类》中,职业教育被定义为学习者掌握在某一特定的职业或行业或某类职业或行业从业所需的知识、技艺和能力而设计的教育课程(包括实习)。学习者在学完这类课程后,可以获得由国家相关主管部门或劳务市场以就业为目的颁发的与劳务市场相关的职业资格证书。

在我国,职业教育是指让受教育者获得某种职业或生产劳动所需要的职业知识、技能和职业道德的教育,是培养高素质及专业技术技能人才、能工巧匠、大国工匠的基础性工程,是促进经济社会发展和提高国家竞争力的重要支撑。职业教育是一个有中国特色的概念,著名学者姜大源认为,中国职业教育是世界教育百花园里的一朵奇葩,这是以千余所职业院校的体量生存于中国广袤国土上的一种教育,是与中国改革开放同步发展起来的一种教育,是伴随中国30多年高速发展成为世界第二大经济体背景之下成长起来的一种教育。

中国职业教育诞生于1978年,正值改革开放之时,为适应地方经济对应用型人才的迫切需求,缓解经济快速发展与人才需求紧缺的矛盾,一种新型高等院校——专科层次、学制三年的职业大学应运而生,如1980年创办的南京金陵职业大学、武汉江汉大学,1981年创办的苏州市职业大学等学校。1985年颁布的《中共中央关于教育体制改革的决定》首次将职业教育纳入国民教育体系。1999年6月颁布的《中共中央、国务院关于深化教育改革全面推进素质教育的决定》指出要大力发展职业教育，培养一大批具有必要理论知识和较强的实践能力、生产、建设、管理、服务第一线和农村急需的专门人才。关于职业教育培养目标的表述尽管几易其词，但其基本内涵没有太大变化。职业教育的发展历程表明，其从出生那一天起就与中国经济发展紧密相连，就带有浓厚的、深刻的中国特色的烙印，是中国改革开放的重大成果。中国职业教育的出现，丰富了世界高等教育的内涵和形式。

国内外对职业教育的定义都是从其类别性和层次性两个角度界定的，认为职业教育是由"高等教育"和"职业教育"相结合形成的，同时具备"高等教育"和"职业教育"两者的属性。职业教育相对于中等职业教育而言，它是一种以较高学历为基础的更高阶段的职业教育，接受职业教育至少要获得高中学历或高中同等学历。职业教育具有明确培养目标，即培养具有一定文化、理论知识和较强实践操作技能的人才，使其能够胜任一线服务的工作。"十三五"期间，我国确立了职业教育的类型、地位，职业教育并非教育层次，而是一种教育类型，与普通教育具有同等重要的地位。普通教育和职业教育在人才培养的模式、手段、途径、方法及目的等诸多方面存在巨大差异，两者各自扮演不同的育人角色，承担不同的社会功能，对受教育者未来的人生发展会产生不同的影响，职业教育不能单纯理解为是普通高等教育的低级或高级层次。

2021年5月发布的《2020中国职业教育质量年度报告》显示，为适应区域经济社会发展需求，各省、自治区、直辖市在国家政策的指引下不断进行职业教育区域布局结构优化调整。2015年到2019年，我国高职专科学校增加82所，达到1468所，本科层次职业学校15所，高职学生增加232.1万人，由此本科层次职业学校开始招生，打破了职业教育止步于专科层次的"天花板"，我国正构建纵向贯通、横向融通的涵盖专科层次职业教育、本科层次职业教育、研究生层次职业教育的现代职业教育体系。

（二）职业教育国际化

职业教育是我国高等教育的重要组成部分。国内关于职业教育国际化的理论研究以借鉴加拿大学者简·奈特（JaneKnight）对高等教育国际化的分类框架（能力取向、精神气质取向、过程取向和活动取向）为主。奈特的教育国际化观点包含宏观和微观两个维度，其中，国家教育国际化政策和动机属于宏观层面的发展战略；高等教育国际化策略与实施路径属于微观层面的建设实践，主要包括高等教育理念国际化、人才培养国际化、教育教学资源国际化、学术研究与交流国际化、人员交流国际化、实验实训国际化等方面。

国家层面的宏观发展战略为高等教育国际化实践指明了发展方向，而高等教育国际化微观实践又为国家宏观愿景的实现提供了现实支撑，两者形成了相互融合、协调发展的共存关系。

当前，关于职业教育国际化的内涵主要有四种观点。一是过程观。姬玉明借鉴OECD（Organization for Economic Cooperation and Development，经济合作与发展组织，简称"经合组织"）对高等教育国际化的界定，认为职业教育国际化是跨国界、跨民族、跨文化的职业教育交流与合作，即一国职业教育面向世界，博采各国职业教育之长，并把本国的教育理念、国际化活动及与他国开展的交流与合作融合到职业院校教学、科研和服务等功能中。二是活动观。以杨旭辉、孙芳仲等为代表的研究者认为，职业教育国际化是职业教育资源在世界范围内，尤其是国家与国家之间，按市场规则的合理流动，是一种依靠市场这只"看不见的手"所进行的资源配置活动。三是路径观。胡忠喜等将其看成职业院校内涵与外延发展的新路径。"在全球经济一体化向纵深发展，国内与国外两个市场的经济、文化、科技等交互日益密切，国家综合实力日益增强。在人民生活水平快速提高的背景下，职业教育国际化是职业院校谋求既外延有所拓展又内涵更上水平的新发展的蝶变之路"。四是目的观。孙芳仲等认为高职教育国际化的核心是"培养具有国际视野，具有国际竞争力的高素质人才，尤其是具有创新能力、实践能力的技术型人才"。

职业教育国际化是职业教育这一载体在特定阶段条件下的一种路径选择与生存方式，是高等教育国际化与职业教育国际化的融合。它既需要遵循知识与技术国际流动的本质诉求，也需要遵循生产要素国际流动的内在诉求。职业教育国际化不只是职业教育资源的跨国流动，也不仅是职业院校提升自我竞争力的发展路径，其根本目的还是培养学生具有国际水准的职业技能和开阔的国际视野，从而实现在生产要素全球流动基础上的国际化就业。

二、职业教育国际化的必然性

职业教育国际化有其必然性：首先，职业教育国际化是适应经济全球化的需要；其次，职业教育国际化是应对高等教育国际化的需要；再次，职业教育国际化有利于职业教育的发展；最后，职业教育国际化有助于国家教育战略部署的落实。

（一）适应经济全球化的需要

经济全球化的主要特征是生产国际化、资本国际化、贸易自由化和金融自由化，但其并不仅限于经济领域的国际化,经济全球化必然带来政治、文化、教育领域的相互渗透与影响。从经济视角来看,在一体化的全球大市场内,资本、物资、信息、人才等生产要素都可以自由流动,这使得跨国公司的数量不断增加。跨国公司的快速发展推动了人才国际化。跨国公司成为世界生产的主要组织者,其跨国经营的分支机构在不同区域内持续扩张,此过程急需大量高素质的人才。这些人才既要把握跨国公司的经营理念与企业文化,也要了解目标国的政治、经济、文化特征。

一方面,随着我国加入世界贸易组织,在世界经济发展的生态圈中,我国经济与其他国家经济的依存关系也逐步强化,国际标准和惯例将成为我国经济运行和发展的总规则。若要在短期内赶超先进国家,我国必须率先抓住技术突破口和抢占制高点,这需要大量高素质且具有创新能力的人才作支撑。以现代服务业为例,目前国内五星级酒店多数由国外的酒店管理公司经营管理,相当多的总经理为外国人,甚至有些酒店的中层干部会议使用的语言为英语。职业院校若对这种状况视而不见,其培养的学生在中高端技能型人才市场竞争中很可能处于劣势地位。

另一方面,国内一批有实力的现代制造、服务、贸易企业开始走出国门,寻找新的市场和发展机遇,这些企业几乎都遇到了同样的难题,即很难找到懂外语、掌握相关技术以及有国外工作经历、熟悉国外法律和习俗的职业经理人。职业院校若不能培养此类人才,我国现代制造、服务、贸易企业在国外的发展将因人才匮乏而步履维艰。因此,我国的职业院校必须未雨绸缪,紧跟经济全球化的趋势,及时调整办学策略和培养方案。

(二) 应对高等教育国际化的需要

针对世界范围内的高等教育问题,联合国教科文组织多次召开会议、发布报告等,从而为不同国家在高等教育领域的交流与合作搭建了平台,并直接促进了高等教育的国际化。1996年,国际21世纪教育委员会向联合国教科文组织提交了题为《学习——财富蕴藏其中》的报告,其中明确指出:"高等教育机构拥有利用国际化来填补'知识空白'和丰富各国人民之间和各种文化之间对话的很大优势。同一学科的科学工作者之间的合作正式跨越国界,成为研究工作、技术、态度和活动国际化的一个强有力的工具。"

高等教育国际化具有诸多益处,已成为一种不可逆转的趋势。然而,高等教育国际化在发达国家和发展中国家表现出明显的差异。与欧美发达国家在高等教育国际化进程中过分追求经济效益或商业利润相比,多数发展中国家更加重视通过高等教育国际化提升本国的教学和研究水平,进而提高国家的整体经济实力。总体而言,加强人员国际交流、实现课程国际化、培养国际化人才、提高学校国际竞争能力等，已逐渐成为各国高等教育国际化的主导方向。如欧盟国家于20世纪80年代开始实施的"伊拉斯谟计划"、1995年批准的"苏格拉底计划"以及1999年发表的《波隆亚宣言》等，无不着眼于建立欧洲统一的经济框架，通过欧盟各国间的人员交流，课程、学分、文凭以及学术资格等的相互认证，建立相互开放的高等教育体制，促进欧盟劳动力市场的形成，增加欧盟各国在全球经济竞争中的实力。

与此同时，不少国家与地区通过大量招收自费留学生、开设海外分校或者合作办学等方式扩大财源。发展中国家一部分学业成绩优秀或家庭富裕的学生，为寻求更优质的教育资源和更多的教育机会，纷纷选择出国留学。根据美国国际教育研究所（Institute of International Education, IIE）统计制作的《2012门户开放报告》显示，2011—2012学年，在美国高校就读的国外学生达到764795人，比上一学年增长了6%；在25个生源国中，来自中国的留学生数量显著增加，占比达到了23%。近十年来，美国、英国、加拿大、澳大利亚、韩国、法国等因其高等教育资源过剩而采取各种方式到发展中国家招收学生，争夺生源。这无疑会对发展中国家的高等教育带来严峻挑战，如不采取应对措施，我国高校将失去部分生源，其他与之相关的资源也会日益流失。

（三）职业教育发展的需要

作为高等教育的重要组成部分，职业教育同样肩负着传承人类优秀文化、发展科学技术、推动社会进步的使命。职业院校只有不断向国际社会开放，创造条件吸收外国留学生和外籍教师，同时通过各种途径让本国教师走出国门进修深造，尽可能地借鉴国外优秀职业院校的办学经验，取长补短，才能逐步提升办学水平，提高国际声誉。国际化水平已经成为衡量职业教育质量的一个重要指标。因此，在职业教育的发展战略规划中，国际化已经成为一个关键要素。

自1999年扩招以来，我国职业教育的发展速度与规模扩充速度之快是有目共睹的。职业教育的快速发展在一定程度上满足了经济发展对较高层次技术应用型人才的需求，从而实现了职业教育的跨越式发展。然而，在繁荣发展的表象背后，我国的职业教育也面临着诸多困难。总体而言，这些困难可以归纳为"五少"：社会认同少、法律明细少、政府作为少、办学特色少、就业出路少。这些问题已经严重影响了我国职业教育的发展。较之传统大学，职业院校不仅办学历史较短，而且文化积淀较浅、核心办学理念尚未真正形成。但是对于职业院校而言，完全可以化不利为有利，因为职业院校更容易摆脱本土传统办学思想的束缚。职业院校可以通过合理吸收国际化的办学理念，根据国内外社会发展和产业结构升级的需求，创新人才培养模式，合理设置专业和调整人才培养方案，面向全球培养具有国际交往能力和国际竞争能力的高端技能型人才，从而在国际化进程中获得更大的发展空间。

职业教育国际化是职业教育持续发展的内在动力，可以促进我国的职业院校在教育理念、培养模式、课程设置等方面依据国际标准和要求进行调整与改革。目前，世界各国都在逐步调整本国的职业教育发展战略，积极通过国际交流与合作、扩大留学生规模、建立海外分校等方式走国际化道路。我国也要主动融入职业教育国际化发展的浪潮之中，借鉴发达国家的成功办学经验，以此促进我国职业教育的可持续发展。

第二节 职业教育国际化的标准

一、职业教育国际化理论概述

（一）教育主权理论

教育主权问题一直是职业教育国际化发展的重点研究领域和难点所在。职业教育的主权问题必须从国家主权和国家意识形态问题上来看待。在经济全球化这样一个时代大背景中，必须通过深入挖掘职业教育主权问题来厘清职业教育国际化的理论体系，从而实现职业教育国际化的理论创新。

1. 教育主权的概念问题

作为民族独立的重要表现形式之一，教育主权问题是不可侵犯的，也是国家主权的重要组成部分。教育主权是一个国家处理国内教育相关事务的最高权力，同时是处理教育国际交流和合作的独立自主权，不受他国干涉。因此，各国在处理教育国际化问题的时候，都格外谨慎，特别是在教育独立性问题上，都十分强调主权。《中华人民共和国教育法》明确规定："教育对外交流与合作坚持独立自主、平等互利、相互尊重的原则，不得违反中国法律，不得损害国家主权、安全和社会公共利益。"

学术界对教育主权的界定也有不同声音，我们选取了几个具有代表性的学术观点进行剖析。

唐安国在1993年率先定义了教育主权的概念，即"教育主权是一国自主处理本国教育事务以及独立处理与别国发展教育合作事务的权力，具体可分为教育立法权、教育投资权、学校审批权、教育监察权"。梁家顺认为教育主权是国家主权和文化主权的逻辑延伸。刘雪萍将教育主权划分成权威层面、内容层面和范围层面三个维度，并对三个维度的具体内容进行了详细的划分，例如权威层面中的核心权力表现形式为教育的立法权和司法权。

按照上述观点，我们可以认为，教育主权是国家主权在教育领域的具体表现形式，是涉及教育立法、行政、司法的最高权力，是在国际环境中处理教育交流与合作的根本原则，是国家独立自主的表现形式之一。职业教育主权即国家主权和教育主权的内容之一，具有职业教育立法、行政、司法的最高权力，是处理职业教育国际教育交流与合作的根本原则。

明确了教育主权的概念后，还要了解另一个与教育主权相关的概念，即教育产权。潘懋元认为教育产权有广义和狭义之分。广义的教育产权与教育主权主体上相似，但是在细节上有所区别；狭义的教育产权就是学校产权，如中外合作办学中，双方利益分配的问题，属于教育产权问题，并不属于教育主权问题。按照这个逻辑来说，我们可以认为教育主权受到影响；而那么教育产权一定受到影响；而教育产权受到影响，教育主权却不一定受到影响。只要明确了这个概念和逻辑，就不会把一些教育产权的问题上升到教育主权的问题层面上。

2. 教育主权面临的挑战

这个问题的由来是2001年我国加入世界贸易组织（WTO），主要原因是世界贸易组织的自身属性问题——一个强制规则的国际组织。在21世纪初，我国综合国力较弱，与世界其他国家，特别是部分发达国家相比，差距巨大，在教育领域竞争力不强，教育主权可能会受到冲击和影响。

王建香认为，加入世界贸易组织后，我国教育开始对外开放，教育主权受到显性和隐性的挑战。显性的因素主要是国外资本对教育产权的控制和国内人才的流失；隐性因素主要是指在国家主权层面的挑战，最直接的体现就是意识形态问题。杨颖认为在教育国际化的进程中，类似于中国这样的发展中国家容易被西方发达国家以"国际化"的方式实施文化侵略与扩张，使教育主权受到侵害。还有更多的学者认为我国教育主权面临的挑战主要是受到西方意识形态方面的冲击。

在职业教育中，教育主权受到的挑战主要有以下几点：一是在职业教育中外合作办学中，外方院校容易争夺办学主导权，在教学上一味按照外方意图培养我方院校学生，与我国职业教育人才培养目标产生偏离；二是外方来我国院校授课教师的师资水平参差不齐，损害我国学生的利益；三是外方依仗自身高水平职业教育资源，高额收取我国院校费用，造成我国院校资金大量流失；四是外方借着职业教育国际合作与交流的机会，对我国高职院校师生进行意识形态的渗透。

（二）新自由制度主义理论

20世纪90年代，国际关系中的新自由制度主义理论形成并得到了发展。这是一套有完整架构体系的理论，主要围绕国际合作这一中心观点并衍生出四个核心概念：相互依赖、国际合作、国际制度、全球主义。因此，新自由制度主义理论可以为我们探讨职业教育国际化在时代背景中所出现的问题，以及不同国家解决问题的方式和发展路径提供一些必要的理论依据。

1. 相互依赖

在新自由制度主义的理论中，两个或多个国家和地区之间出现了相互影响和相互依存的情况，称为相互依赖。随着经济全球化的进程，各国和各地区之间的经济往来日益密切，这种相互影响和相互依存的情况会越来越普遍，并随着经济发展逐步加深。值得一提的是，跟相互联系不同，相互依赖的程度要更深一些。随着相互依赖的关系变得越密切、越深入，相关国家的经济与世界经济会逐步融为一体。这种融为一体在国际关系这个领域里，就成了荣辱与共的利害关系。而且在这种相互依赖的关系中，大部分情况都属于非对称的相互依赖关系，即双方处于不平等的地位，这种不平等的地位会让依赖性较强的一方处于被动，依赖性不强的一方会表现出一种强势的态度。支持这个理论的学者认为，这种非对称的相互依赖会出现两个特征：一个特征是敏感性，是指一个国家的变化导致另一个国家变化并为之付出了代价，而变化快慢和代价的多少是敏感性大小的衡量标准；另一个特征则是脆弱性，指的是一个国家发生变化，导致另一个国家为了应对变化调整而付出的代价。

2. 国际合作

在新自由制度主义理论中，国际合作概念主要是指一个国家不断调整自身的各个要素以满足其他合作国家的期望或者偏好，而且国际合作会在相互依赖的情况下进一步加强。在国际合作中，一般会出现三个特征：第一个是自愿性，即参与国际合作的国家是自愿的；第二个是对目标的认同与承诺，即参与国际合作的国家的合作目标都是一致的；第三个是有利性，即所有参与国际合作的国家都在合作过程中获得了利益。值得一提的是，国际合作在相互依赖的情况下产生，而目前全球各个国家之间在经济、文化、科研、环境、军事、社会、政治等方面都相互依赖，互动越多依赖性越强，就会变得越繁荣。因此，我们可以认为当前国际社会相互依赖的程度在逐步加深，进而扩大了各国之间的国际合作，当然高等职业教育的国际合作也越来越密切。

3. 国际制度

为了达到各个国家一定的目的或预期期望，各个国家会产生出一种决策程序，这种决策程序是有原则性、规范性的，这就是国际制度。支持新自由制度主义的学者认为，使用武力来解决国与国之间的矛盾代价太大，因此要使用代价最小的方式，并对自身有利的方式来解决国家之间的矛盾或利益冲突，那么国际合作就是代价最小且利益最大的解决方法。作为国家之间的实质关系，国际合作首先要解决的就是国家之间的利益冲突，并使各个国家的利益或者目标一致。因此，就要形成或者创建一种使各个合作国家放弃占优的战略，使各个合作国家集体获得最佳利益结果的一种制度。同时他们还认为国际制度有权威性、制约性和关联性三个特性。国际制度的形成前提是所有参与国际合作的国家普遍认同和赞成这一制度，这是国际合作行为的一个准则，但凡要参与国际合作的国家都必须遵循这个制度，因此国际制度具有很高的权威性。前面提到的国际制度如果部分国家放弃占优，使各个国家的行为都符合国际制度所制定的规范，促进国际合作的达成，那么就会制约相关国家的一些行为，比如克服经济和政治的欺骗现象。在目前经济全球化的进程中，各国之间的交往和合作会变得越来越频繁和深入，各个领域之间的国际制度会不断扩展、交叉和融合，使各领域之间的国际制度具有关联性。

4. 全球主义

全球主义主要是指一种网络，这种网络的形成是需要各个国家付出相关代价的，是一种空间广阔且有国际联系的网络。我们认为全球主义实际上是相互依赖的一种表现形式，它不是单一联系的，而是一种连接网络，但是这种网络包含实际距离，不是一种简单的区域网络。全球主义相互依赖的维度包含了经济全球主义、军事全球主义、环境全球主义、教育全球主义、文化全球主义等多维度的国际制度，而且这些全球主义一般情况下不是同时发生的。相关学者认为全球主义的强度具有稀薄和浓厚之分，我们可以认为日益浓厚的全球主义是全球化，全球化也反映了前面提到的关联性和敏感性，具有相互关系。但是必须提出来的是，全球主义不是世界大同，也不是同质化和完全平等。

就目前来看，新自由制度主义理论主要就是随着各个国家之间相互依赖网络的不断加深,并随着社会、政治、教育、环境等多个领域的不断融合而产生的。这些国际制度组成了一个世界体系,这个体系具有约束性和权威性,并指导各个国家的集体行为。

(三)利益相关者理论

20世纪60年代,英国开始逐步流行利益相关者理论,它发展和流行起来的主要原因是长期奉行外部控制型公司治理模式。平衡各方各个利益相关者的切身权益是这套理论的核心内容,其途径主要要求在决策者作出决策时,平衡各方利益关系,争取与各个利益相关者取得最大程度的合作。这一套理论体系可以用于研究分析不同群体的利益诉求以及这些诉求对合作的影响,通过相关假设和影响方式,积极促进问题的解决。我们可以利用这一理论来分析职业教育在国际化进程中的各个利益相关者。

1. 政府

以利益相关者理论来探讨政府在高职教育国际化中扮演的角色问题,政府就是所有利益相关者中权力最大、利益最多的角色,且这种角色的扮演、定位与其他几个利益相关者存在一定的冲突。这种冲突极易表现在高等职业教育国际化进程中,政府对高职院校和教育机构管得过宽、管得过严,一些高职院校和机构需要解决的实际问题又得不到解决,导致政府行使权力的错位与缺位现象。

2. 跨国企业

随着经济全球化的发展,职业教育国际化的发展离不开跨国企业的参与,但是在实际情况中,跨国企业对国际高水平技术技能人才的需求很难满足。分析其原因,主要有两点:第一点是国际校企合作水平不高,跨国企业对人才的要求高,但学校在专业设置、课程开发、实习实训等方面未能有效对应;第二点是政府推动国际校企合作力度不够,政府相关职能部门推出的政策不能完全落地落实,操作性不强。

3. 高职院校管理者

管理者们主要的目标是把高职院校建设成为具有一定国际影响力的教育品牌。但在实际中,由于处于政府主导的管理体制之下,缺乏充分自主办学的权限,市场自主办学的意识和能力不强,在一定程度上阻碍了职业教育国际化的发展。同时在处理与跨国企业的关系上,高职院校除了国际合作处或者校企合作处相关管理者外,其他管理者由于对国际化的意识和对跨国企业的关系处理认识的深度和广度不够,对国际劳动力市场的方向性把控不到位,出现高职院校毕业生国际化水平不够,不能满足国际企业的需求。

4. 教师

谈到职业教育国际化，就不能撇开教师的国际化不谈，而教师的国际化包含了多种因素的国际化，如视野国际化、技能国际化、教学方法国际化等。在利益相关者理论中，教师作为院校学生的信息传递者，是重要的利益相关者，因此可以认为教师的国际化水平在一定程度上影响了职业教育国际化的水平与进程。

5. 学生

高职院校的学生是职业教育国际化的重要利益相关者，是国际化进程的重要组成部分，是国际化信息的最后接收者。

6. 国际组织

在职业教育国际化的进程中，国际组织显得并不太重要，但是它确实又是其中的利益相关者。部分职业教育国际合作需要国际组织在其中牵线搭桥。在实际中，国际组织开展的活动对职业教育国际化的影响较大，但是对职业教育国际化的主要参与主体中的支撑者政府的影响较小。

7. 国际教育机构

在职业教育国际化进程中，国际教育机构可能与各国的高职院校成为合作者，并在其中促进各国院校间的国际合作与交流，当然国际教育机构大多是营利性质的机构，他们的参与也会侵占其他职业院校的市场，进而影响部分高职院校的发展前景。我国的高职院校与国际教育机构的竞争关系并不明显，主要原因是我国政府教育主管部门对境外教育机构在国内的办学设有较高的门槛与限制，这也使国内职业教育处于"温室"中，没有真正参与到国际市场的竞争中。

8. 第三方机构

独立的、非政府的第三方机构是推进职业教育国际化的重要力量，但是这种力量目前表现得并不太明显。

9. 媒体

媒体把职业教育国际化的相关信息传递给政府与大众，使其得到关注，但是这类信息可能是正面的，也可能是负面的。

（四）高等教育国际化动因理论

高等教育国际化动因理论的发展起步较晚，仅有二十余年的历史，该理论存在两种核心要素：第一种核心要素是政治、经济、学术和文化；第二种核心要素是国家和院校两个层面的二维动因理论。随着理论的不断发展和国际社会关系的不断变化，各国学者在第一种核心要素中增加了人力资源要素，在第二种核心要素中增加了国际组织和区域两种要素。

简·奈特的动因理论是高等教育国际化动因理论的基础和标志。她认为："动因是指一个国家、部门或高等院校对国际化进行投资的驱动力，反映在政策制定、国际交流项目开发和项目实施等层面，支配着人们对国际化带来的利益或对成效的期望。"简·奈特认为高等教育国际化动因理论包括政治、经济、学术和文化等4个维度和19种具体动因，在每个不同的时代，每个动因表现出来的作用和影响是不一样的。在20世纪80年代，政治动因在高等教育国际化的进程中起到了决定性的主导作用。但是随着全球经济的复苏和经济全球化的发展，高等教育被认为越来越重要，使得高等教育国际化的经济动因走向了主导位置。但是在2005年，简·奈特认为这样的动因归类有所欠缺，一些动因在一些国家和地区不能被简单归纳，例如政治和经济，它们涉及的因素很多，之间的界限和区分不明显，且相互有关。因此简·奈特提出了一个新的高等教育国际化动因框架，把高等教育国际化动因分为国家层面（包括人力资源、经济、教育发展等）和高校层面（国际品牌、教育质量、经济等）两方面的动因。

另外，随着我国高等教育的不断发展，高等教育国际化逐渐成为我国学者关注和研究的热点，相关的动因理论也被不断地提出，姚宇琦、韩宇提出了二动因理论，杨启光提出了三动因说，孟照海提出了五动因理论，李盛兵和刘冬莲试图在综合已有动因理论的基础上对高等教育国际化动因理论进行新的理论建构，但是这些理论并未产生较大的学术影响力。

二、职业教育国际化的标准

职业教育国际化的标准主要有六个：职业教育理念国际化、人才培养目标国际化、课程国际化、职业教育资源国际共享、人员国际交流、实验实训国际化。

（一）职业教育理念国际化

理念是行动的先导。只有实现了职业教育理念国际化，职业院校才能走出一条成功的国际化道路。职业教育理念国际化意味着用国际化的视野来认识和理解职业教育的本质和作用，秉持职业教育国际化的理念是职业院校实施职业教育国际化战略的重要前提。

1983年，邓小平同志为景山学校题词"教育要面向现代化、面向世界、面向未来"，这实际上就体现了我国教育国际化的一个基本理念，即教育要"面向现代化"就必须"面向世界"。尽管职业教育已经取得了诸多令世人刮目相看的成就，但是由于我国职业教育的办学时间并不长，目前尚存在一些不足之处。较之发达国家职业教育上百年的历史和丰富的办学经验，我国的职业院校应当虚心学习他国之长，主动迎接教育国际化的挑战，加强国际交流与合作。

战略国际化是理念国际化的集中体现。为了拓宽自身的发展空间和提升自身的竞争力，职业院校应当有计划地推进教育国际化并据此打造自身的个性、魅力和特色，在吸引国际留学生的同时扩大中华文化的世界影响力。具体而言，为了制定明晰的国际化理念，职业院校应当进一步明确自身的优势领域和强势资源，从全球视角出发，探寻适合自身发展的国际化道路。对于职业院校的领导层而言，必须从长远的角度和服务国家贸易的高度审视办学实践，思考如何合理利用国际资源来服务学校发展；对于职业院校的一线教师而言，必须努力掌握世界范围内有关本学科、本专业的最新动态和学术成果；对于职业院校的学生而言，必须认识到就业竞争已具有国际性，必须树立国际化的就业观念，掌握处理国际事务的各项能力。

（二）人才培养目标国际化

人才培养目标规定了人才培养的基本维度与质量，决定了人才培养的方向与层次。职业教育国际化的根本目的在于培养国际化人才，使他们不仅能够适应经济全球化和信息社会的发展需要，而且能够成为有责任感的高素质公民。因此，应当根据学生国际化职业发展的需要设计相应的能力、素质培养框架。职业教育国际化是为了培养高端技能型专业人才，这样的人才既需要基本操作技能的支撑，又需要高级专业技能的支撑。

国际化人才应该具有的基本素质包括：具有全球化视野；掌握国际最新、最先进的知识、技术与信息动态；具有较强的创新能力及国际竞争能力；熟悉各项国际规则；熟悉多元文化，具有良好的跨文化沟通能力及国际交流与合作能力；具有在海外学习、培训进修及在跨国公司多年工作的经验等。为了增进学生对不同文化的了解和认同，首先，应当着重培养学生的国际视野和综合素质，使学生能够深刻理解多元文化的含义，从国际社会和全人类的视角看问题。其次，职业院校还应当使学生树立参与国际竞争的意识，并重点培养学生的外语应用能力，跨文化交际能力，创新、创业与就业能力，以及在国际化和多元化社会生存的能力。

目前，我国诸多企业都加大了在全球高端市场的投入，希望通过进一步突破技术"瓶颈"，实现从"中国制造"到"中国创造"的跨越，创造更多的"中国研发""中国设计""中国服务"和"中国品牌"。对照现实的差距，我们缺乏的是创新的人才、创新的机制、创新的精神。与此同时，我们实施"走出去"战略，也需要大量外向型人才。因此，我国的职业教育在人才培养方面必须与国际惯例接轨，按照参与国际竞争的标准设置人才培养目标，使职业院校培养的人才不仅能在国内大展宏图，而且能在国际舞台上大显身手。这是我国职业院校共同努力的方向。

（三）课程国际化

作为高等教育国际化的重要组成部分，课程国际化是指把国际的、跨文化的知识与观念融入课程之中，通过课程内容、课程结构、课程管理、教材建设、外语教学等各种形式，培养出具有国际观念、国际视野和技能的国际性人才的动态发展过程。

课程的国际化，不仅要求职业院校开设更多关于其他国家和国际问题的课程，而且要求在课程内容上尽可能国际化，在重视知识结构的发展变化、科学构建国际对话和合作规则的同时，合理运用教学技术，建立可以进行国际比较的课程评估标准，尽可能使教学技术、教学方法和教学评估等与国际接轨。

目前，国外有许多优质的职业教育课程值得我国学习和借鉴，我国的职业院校可以深入研究国内外不同行业的用人标准，并据此分析相关专业的人才素质、知识结构及技能标准，从而引进或开发相应的课程。比如，广东农工商职业技术学院与英国爱德思（Edexcel）国家职业学历与学术考试机构合作，开发了BTEC（Business&Technology Education Council）课程，根据该课程标准，学生修完规定课程并通过考试之后，将得到具有国际水准的BTEC证书文凭，这相当于学习者已经完成了英国大学二年级的课程，且不论学习者是在英国本土还是在海外，都可以选择就业或者申请进入英国大学学习一年获得学士学位。另外，在职业教育课程国际化过程中，有两个问题需要特别关注。

第一，职业院校应区别对待不同类别的国际化课程。比如，职业院校可以在公共基础、文化知识等课程模块中增加国际化课程的比例，通过让学生选修诸如国际经济、国际贸易、国际关系等学期制课程，或者选修有关外国历史、地理、宗教、文化习俗介绍等周时制课程，培养学生相应的国际理念，提高学生的国际交往能力。

第二，为了使职业教育更加贴近企业、行业最新的要求，课程建设中要关注相关重大课题和前沿问题的研究，要结合国内外企业行业的用人标准，在教学内容中及时补充国内外最先进的教学科研成果，并据此强化学生的独立思考能力、信息处理能力、跨学科知识运用能力、专业知识应用能力。值得注意的是，课程的国际化、普遍化绝不是全盘西化，而是借鉴适合本国职业教育的学时学制、课程设置、教学理念。各个国家应当积极寻求与他国名校合作的方式，特别是要合理利用国外优质课程资源，使学生不出国门便可学习一流的国际化课程。

（四）职业教育资源国际共享

职业教育资源的国际共享是指不同国家的职业院校通过教师互聘、学分互认、课程开放、图书馆和实验实训基地共同使用等方式实现教育教学设施及相关资源的共享。随着职业教育国际化的推进，在全球范围内公开共享教学资源这种做法已被各个国家的职业教育资源所有者纳入议事日程。职业教育资源国际共享包括无偿共享和有偿共享两种模式。无偿共享的职业教育资源是针对一些相对简单的、投入成本较低的公益性职业教育资源或者体验性职业教育资源而言的。有偿共享的职业教育资源本质上并没有脱离商品交换的范畴，资源的配置、开发与利用需要相应的市场机制，但这有助于保证职业教育资源共享的质量和效果。

由于职业教育资源具有稀缺性，如何在全球范围内实现职业教育资源的共享已成为职业教育资源配置的重要议题。伯顿·R.克拉克指出："试图通过自上而下的监督、规划和管理等手段在系统的大部分范围内保证质量的做法几乎是于事无补的，甚至是自讨没趣的。"因此，如何通过职业教育资源市场化管理与经营保证各方主体的利益，是高等职业教育资源国际共享的关键问题。

（五）人员国际交流

人员国际交流是国际交流中最活跃、最基本的方面，主要包括教师的国际交流和学生的国际交流。

教师的国际交流是职业院校建立具有国际意识的高素质教师队伍的重要途径之一。教师的国际交流有助于提高教师的外语交流能力，推动教师的教学、科研向国际化方向发展，进而提升教学和科研的质量与水平。除此之外，它还有助于教师所在学校重点专业、特色专业和核心课程的建设与发展。职业院校可以与国外职业院校结成友好学校，通过签订教师交流学习互访协议、教师交换和联合教学等形式探索教师国际交流与培训的新模式。具体而言，职业院校教师的国际交流有两种途径：一是"请进来"，即通过聘请外籍专家任教、讲学等方式使其参与职业院校的教育管理和学术交流。二是"走出去",即通过有计划地派遣教师到国外进修、考察、访学等方式,使其了解和学习国际先进的职业教育理念、方法和模式。

学生的国际交流主要包括两方面的内容:一是招收外国学生,二是本国学生前往他国就读。前者是为了拓宽国际教育市场,在全球范围内选择优秀生源,以扩大学校的国际知名度;后者则是为了充分利用他国的教育资源为本国人才服务。学生的国际交流有利于各国学生之间的相互学习,学习者可以获得相应的语言能力和文化经验积累。除此之外,它还有利于扩展课程内容的国际维度和开展跨文化的研究与讨论。但是从现实的角度来看,学生的国际交流对发达国家和发展中国家的意义却不大相同。对于发达国家而言,学生国际交流的价值在于吸收国际人才,并由此为本国带来经济收益。而对于发展中国家而言,学生国际交流的价值在于缩小发展中国家与发达国家之间在知识和技能方面的差距。

(六)实验实训国际化

职业院校的实验实训基地在职业教育国际化进程中扮演着不可替代的重要角色。实验实训的国际化首先要求实验实训基地在建设过程中善于吸收国外先进的管理经验和科学方法,加强项目建设和管理。与此同时,实验实训国际化还倡导通过合作办学或者项目合作的方式吸引资金和引进设备。国内一些职业院校已经在这方面进行了有益的尝试,比如:山东日照职业技术学院曾开创了向国外(奥地利)政府贷款,引进先进设备,建设一流实验实训基地的先河。该校还与韩国现代汽车集团合作,筹建了现代汽车学院,并获得了大量教学设备捐赠。

实验实训国际化一方面有助于职业院校实验实训基地项目的管理模式从封闭化的自建自管走向权责关系明晰、资源配备优化的合作共建和科学管理;另一方面,实验实训国际化鼓励职业院校通过实施"走出去"战略,加强和国外教育界、工商界的合作,并适时建立海外实习实训基地。因此,它还有助于职业院校通过国内培养、国外实训的方式,为学生提供基于国际化的实验实训、顶岗实习、工作留学、访学交流等机会。比如,广西英华国际职业学院曾与中国对外友好协会、美国教育资源发展基金会等机构合作,组织开展了赴美带薪社会实践合作项目,从而为更多中国学生赴美参加美国政府指定交流项目创造了机会,使学生能够进入美国企业,收获基础实践到专业实习等丰富多彩的海外工作、生活经验,不仅拓宽了学生的视野,增强了学生创业、就业综合竞争力,而且获得了美国企业的好评,提升了学校在国际社会的美誉度。

第三节 我国职业教育国际化面临的机遇与挑战

一、我国职业教育国际化面临的机遇

（一）经济全球化成为不可逆转的趋势

经济全球化作为一个客观的历史进程，影响了人类社会的诸多方面的发展，是职业教育国际化产生的重要背景，为职业教育国际化发展奠定了重要的基础。经济全球化是生产力和国际分工高度发展的产物，是指商品、信息、技术、资金等生产要素超越国界，在世界范围内自由流动，促进各国各地区相互交织、相互融合形成统一整体的历史过程。随着经济全球化的深入发展，生产要素和人才流动规模日益扩大，全球治理体系逐步完善，以中国为代表的发展中国家、国家群体性新兴市场崛起，使世界多极化的发展趋势日益凸显。生产、贸易、金融、投资等经济活动和人们的生产生活都受到深刻影响。世界各国各地区的经济关系越来越紧密，且已经不可逆转。

经济全球化着眼于实现生产要素和资源在全世界范围内的最优化配置，但其不仅是一个纯粹的经济现象，还是波及政治、经济、文化等各领域的全方位的强大推动力量，在经济全球化背景下，各国之间的地域界限被打破，信息交流依托互联网等技术的普遍应用变得更加顺畅，使世界范围内的政治对话、经济合作、文化交流的程度更深、范围更广、规模更大，地球成为名副其实的"地球村"，为职业教育国际化奠定了坚实的物质基础。

经济全球化使世界各国各地区的合作越来越紧密，但是也让竞争变得越来越激烈。21世纪的竞争，从根本上讲是人才的竞争，拥有适应全球化发展要求的人才资源是各国迫切的现实需要。越来越多的国际交流、合作、竞争，要求从事跨国经营等业务的人员不仅要熟悉掌握经济领域的国际运行规则，还需要了解其他国家或地区的政治、社会、文化等知识，且具备良好外语沟通能力等国际化能力。因此，哪个国家掌握了国际化人才资源，哪个国家就在竞争中获得了优势。

在全球化进程中，教育通过培育人才、科研创新、服务社会等形式，把具有潜在价值的生产力与全球化发展需求紧密对接，促进劳动力的成长与发展，使其能够转化为符合现实需要的生产力，并促进产生新的生产力。部分国家甚至把教育作为出口产业，大力扶持和推广，教育国际化已超越教育自身的改革发展层面而上升到国家战略层面。

全球化背景下，职业院校作为技能型人才培养的主阵地，被赋予了国际化发展的强大引擎，增强了面向世界培养高素质技术技能人才的内驱动力。从全球化发展的趋势来看，其着力在全世界范围内建构全球性的统一标准，以及能够超越国别、地区差异的全球性模式。而职业教育国际化推动在价值理念、文化心理存在差异的国家、民族、组织机构以及个体间开展学习借鉴活动，增进沟通交流，促进国际理解和包容，实现合作共赢。因而职业教育除了要扩大与国内职业教育市场有关主体间的交流合作，还要同时加大与国际职业教育领域的对接，培养具有国际化视野、责任担当精神和兼具世界公民意识的人才，这是经济全球化的必然结果，也能为经济全球化发展提供有力的技术技能支持。

（二）我国开放型经济快速发展

中华人民共和国成立以来，特别是改革开放以来，各个领域飞速发展，都在国际社会上取得了显著的成绩。据相关资料记载，在中华人民共和国成立初期到2016年的几十年间，我国对外援助累计达到了4000多亿元；实施了5000多个国际援助项目；为第三世界国家培训了26万名技术人才；对外直接投资超过1.2万亿美元；同时累计吸引外资超过1.7万亿美元。

耶鲁大学陈志武认为："历史上，产业结构本身的变化得到了教育方式、教育理念和教育结构变化的补充。一个国家的产业结构决定了其教育知识的结构。"放眼世界近现代史，英国在第一次工业革命时期的崛起，离不开技术教育先行战略下培养的大批产业技术工人提供的人才保障；第二次世界大战后德国实现工业复苏、经济腾飞，离不开"双元制"的职业教育的支撑，建立了大量的高技能人才基地。当前，中国正面临产业转型升级的重大战略机遇期，且随着越来越多的外资、技术、设备的引进，需要有更多适应经济发展、产业转型升级和国际分工合作要求的技术技能人才作支撑。

职业教育以培养面向生产、管理、建设一线的技术技能人才为己任，以促进学生成长成才、推动经济社会发展为宗旨，直接关系民生福祉、社会发展和国家强盛。在开放发展的历史洪流中，在中国经济转型发展的重要档口，职业教育要准确把握时代的脉搏，继续坚持和扩大开放，通过国际交流与合作，学习借鉴国际职业教育发展的先进经验，建立现代职教体系，树立先进职教理念，探索新型产业的人才培养标准，加大力度培养具有国际能力的专业人才，为经济社会发展输送更多适合经济社会发展需要的人才。同时为我国企业"走出去"、培养当地人才、实现互利共赢提供强劲的人力支持。

(三)"一带一路"建设深入推进

当今世界，经济全球化不断深化，区域经济一体化进程加快，全球经济格局面临深刻调整，许多国家也面临着经济转型升级的迫切需要。"一带一路"建设横跨欧亚大陆，南接非洲东部，将东亚、东南亚、南亚、中亚、欧洲南部以及非洲东部的新兴经济体和发展中国家的40多亿人口紧密联系在一起，覆盖40多个国家，为沿线国家实现优势互补、互惠共赢、开放发展提供了新机遇。"一带一路"建设是我国根据经济发展形势和面临新挑战提出的伟大构想。它秉持和平合作、开放包容、互学互鉴、互利共赢的理念，通过有效优化资源的合理配置、促进市场高度融合发展，不仅有利于形成中国全方位对外开放的新格局，还能推动沿线国家实现全方位合作，形成具有高度开放性、包容性、均衡性、普惠性的区域经济合作架构，从而更加有力地维护全球贸易体系和开放型体系，促进沿线各国加强交流、互鉴与合作，推进各国产业发展、经济繁荣，进而推动世界和平发展，造福世界人民。"一带一路"建设是构建互利共赢的利益共同体、共同繁荣发展的命运共同体和责任共同体的伟大探索，这契合沿线国家共同的需求，也符合世界各国的发展利益。

在教育领域，我国积极推进与"一带一路"沿线国家的教育合作。2016年，我国教育部就启动了教育领域的计划，如"一带一路"教育的行动计划、"丝绸之路"项目（课程）、师资培训计划和联合人才培养与推广计划等，并设立奖学金吸引沿线国家的学生来华学习。"一带一路"建设顺应我国对外开放发展、产业转型和国际产业转移、经贸合作的需要，意义深远，影响巨大，蕴藏着无限的发展机遇，也将持续助推中国职业教育国际化。职业教育坚持以社会需求为发展动力，以服务为宗旨，以就业为导向，按照行业发展要求设立专业，注重培养符合社会需求的技能型人才。在"一带一路"建设的宏伟蓝图下，我国职业教育肩负着新的历史使命，面临着新的发展机遇。

"一带一路"建设涉及交通、旅游、贸易等诸多领域，中国大型企业走出国门拓展国际市场，亟需更多相关行业的技术技能型人才作支撑。与此同时，由于"一带一路"沿线各国人力资源不均衡，需要扩大教育规模，培养更多有知识、有文化的技术技能人才。除学历教育外，涵盖职业课程、技能培训等灵活多样的职业技术教育需求也不断增大。"一带一路"建设与人才需求之间的供需矛盾将愈发凸显，职业教育培养技术技能型人才的重要作用也将越发凸显。

职业教育要结合国家的综合优势、地区的资源禀赋和职业院校自身的特色，继续在"一带一路"沿线招收与培养留学生，开展行业专门培训，为"一带一路"建设培养具有国际化视野、较强的创新意识、能够积极参与国际事务的国际化人才。我们要创造新的生产力，抓住新的历史机遇，提升职业教育国际化的质量，为行业、企业走向"一带一路"沿线国家和地区提供人才支撑，为"一带一路"建设的持续推进提供基础性保障。

教育是富有人文关怀的事业，也是与经济社会发展联系最为紧密的形式，富有"润物细无声"的人文交流属性，具有促进"一带一路"沿线民众相知相亲的天然优势。职业教育可为"一带一路"建设架起民心相通的桥梁，搭建国际交流的平台，构建文化的纽带。在国际化办学的进程中讲好中国故事、传递中国声音、弘扬中国精神。传播中国文化，传承专业、敬业的职业精神和精诚团结的合作精神。在人文、学术等方面开展更加丰富的国际交流与互动，扩大中国职业教育在国际社会的舆论话语权，提升国际声誉，增强国际认同，发挥好职业教育"黏合剂""催化剂"和"润滑剂"的作用，拓宽民众的多元文化共生视野，增强我国人民与"一带一路"沿线国家人民的交流、理解和互信，夯实"一带一路"沿线国家的民意基础。

（四）我国职业教育蓬勃发展

改革开放以来，随着经济社会的快速发展，在党和政府的高度重视下，职业教育成为我国教育发展的战略重点，得到了长足的发展，也为我国庞大的人口负担转化为人力资源优势、释放人口红利发挥了关键性的作用。职业教育与经济社会发展的契合度不断增强，为我国经济社会建设提供了强大的人力支持和技术支撑。

近年来，我国对职业教育的财政投入逐步加大，2015 年全国职业教育财政性经费达 2950 亿元，比 2010 年增加 1490 亿元，增长 102.1%，年均增长 15.1%。国家实施了"示范职业院校""重点职业院校"等一系列重大工程，创建了一批重点学校和重点专业，培养了一批骨干教师。职业院校办学条件明显改善，办学面貌焕然一新。在办学视野和理念上，职业院校既要加强自身办学能力建设，又要主动参与竞争，广泛汲取世界范围内职业教育的先进经验，开阔了国际视野。在内部管理和运行机制上，职业院校认真落实国家发展职业教育的大政方针，进一步理顺机制、规范管理、健全内部质量保障体系，切实提高教育教学管理的科学化水平。在师资队伍建设上，职业院校日益重视打造"人才强校"目标，坚持"走出去"与"引进来"并举，优化原有师资队伍结构，加大教师培训力度，引进具有国际化背景的海归人才，有效提升师资队伍的整体水平。此外，在信息化时代，职业院校信息化程度明显提高，现代信息技术应用普遍，与国外职业院校信息沟通的距离缩小，为国际交流活动开展打下了坚实的基础。总体而言，我国职业教育整体办学实力得到较大提升，可持续发展的后劲显著增强，职业院校开展国际化办学的条件日益成熟。

职业教育的国际化水平不仅是职业教育发展水平的标志，体现出职业教育在全球范围内的影响力和全球职业教育领域中的话语权，也在一定程度上彰显了国家的综合竞争实力。随着我国综合实力稳步提升，国际地位不断提高，国际影响力不断增强，在国际事务中发挥着越来越重要的作用，职业教育国际化成为职业教育发展的必然趋势，也是职业教育寻求更加广阔发展空间的能动性选择。我国职业教育进入了加强自身内涵建设、深化教育教学改革、实现职业教育资源优化重组的新时期，不断提高自身办学实力，积极推进国际交流与合作，以国际化促进现代化。

（五）"走出去"战略持续推进

"走出去"战略对于调整产业结构，推动建成更加完善、更具活力的社会主义市场经济体系发挥了积极作用，同时促进企业在更加市场化、更加开放的世界中更为主动地去获取资金、技术、市场等资源，增强自身实力，不断发展壮大。

党的十八大以来，面对世界经济缓慢复苏、国际市场需求低迷的复杂局面，我国一方面做好"引进来"工作，另一方面创造性地提出"一带一路"倡议。鼓励资本、技术、产品、服务和文化"走出去"，着力构建开放型经济新体制，不断提高开放合作的能力，提高对外开放的水平，推动形成全面开放新格局。"一带一路"倡议对中国扩大对外开放、促进经济转型升级、增进与沿线国家和地区互惠共赢筑牢坚实的支撑，也为中国企业充分挖掘和利用广泛的市场资源、更加稳健地"走出去"提供了十分宝贵的历史性机遇。

企业"走出去"符合企业自身发展需要，也契合国家整体战略部署，具有强劲的内驱动力，有助于深化国际产能合作。从本质上讲，企业"走出去"是一种经济活动，但新形势下，企业"走出去"投资发展不仅涉及当地法律、政策、技术等问题，还会涉及用工、人才培训等问题。特别是一些重大的建设项目工程较为直接地带动当地相关产业发展和专业人才的需求，需要在当地培养项目建设者，或由国内直接输送高端的技术技能人才。在进行对外投资、扩大国际化经营规模和水平的过程中，国际化人才不足直接成为企业"走出去"发展的"瓶颈"，许多开拓境外市场的国内企业都大量缺乏既具备基本的外语沟通交流能力，又对当地社会法律法规、风俗习惯较为了解，且具备专业知识、技术、经验的技术技能人才。

因此，企业"走出去"需要培养"走出去"的高端技术技能人才。

随着国内产业和资本输出的步伐加快，职业院校要抓住境外办学、人才培养、国际交流的新机遇，加快对职业教育输出的探索，通过开展多层次的职业教育和培训，加大当地急需的技术技能人才培养力度，促进劳动力素质能力提高，加强人文交流、促进民心相通、强化人才培养，为经贸合作交流提供更加有力的支撑，助推我国企业走得更稳、更远。

（六）我国教育对外开放的有益探索

在对外开放的宏伟进程中，教育始终发挥着基础性和主导性的作用。改革开放以来，教育对外开放不断向前推进，教育交流日益广泛，不断深化双边多边教育合作，教育国际化水平不断提高，教育对外开放事业呈现蓬勃发展的局面。

我国普通本科院校开展了较多国际化办学探索，积累了宝贵的国际交流合作的实践经验，许多成功的做法值得职业院校学习借鉴。2004 年，我国在韩国合作建立了第一所孔子学院，在之后的 12 年里，我国一共在全球 140 个国家建立了 500 余所孔子学院和 1000 余间孔子课堂。孔子学院的建立在全世界掀起了"中国热"，为推广汉语和中华文化、提升国家形象和影响力起到了非常积极的作用，国际职业教育界对中国的关注度显著提升。我国职业教育发展取得了成就也赢得了更多的合作机会，由此看出职业院校开展国际化办学蕴含着巨大的潜力和广阔的发展空间。

1993 年，金陵科技大学与澳大利亚高等院校合作开设"双组合"课程，成为高等教育领域第一个跨国合作职业教育项目。职业院校坚持"走出去"与"引进来"并重，积极开展国际交流与合作，国际化活动日益增多，中国特色职业教育的质量和特色逐渐吸引来华留学生。为配合国际发展的新趋势，《2017 年中国高等职业教育质量年度报告》公布了全日制国家（海外）的留学生人数、非全日制国家（海外）的留学生培训职业教育、学生"走出去"的时间、在海外组织担任专职教师的人数、发展中国家（海外）批准的行业或专业教学标准的数量以及在海外技能竞赛中获奖的数量等指标，第一次发布了我国职业院校的国际影响力前 50 名，显示了职业院校的国际影响力水平。一些办学实力较强的职业院校树立国际化视野和办学理念，汲取国外职业教育先进的教育教学经验，积极组织师生海外学习交流，引进国际师资，招收和培养留学生，拓展中外合作办学项目，参与国际学术性会议、论坛，引进国外优质课程，推进具有国际特征的专业和课程建设，建立国际化的合作伙伴关系，与跨国企业共建实习实训基地，设置培训中心、海外教育分支机构。积极整合职业院校、政府、科研机构、志愿者组织等资源，开展多元的国际事务交流与合作，形成比较优势，以教育国际化推动自身办学质量提升和可持续发展的"造血功能"增强，取得了较为显著的成效。不仅丰富了教育国际化的探索与实践，提高了中国职业教育的影响力和吸引力，还为进一步提高职业教育国际化水平、增强创新能力和竞争实力奠定了坚实的基础。

二、我国高等职业教育国际化面临的挑战

改革开放以来，我国职业教育国际化迈出了稳健的步伐，开展了广泛的国际交流与合作，形成了多层次、多形式、多领域的国际交流格局。但总的来说，我国高等职业教育的国际合作水平仍有待提高，仍需要进一步扩宽国际合作的深度和广度。

（一）国际化办学战略性规划不足

奈特是研究高等教育国际化问题的权威专家，她说："如果没有一套明确的国际化动机、一系列目标以及相应的政策、计划、监测和评估系统，这将是对大量复杂的国际机遇的零散、临时和简单的回应。"教育国际化发展不是短期行为，涉及面广，发展时间长，与国际化人才培养目标相贯通，是一项复杂的系统工程，涉及学校教育教学资源和管理的诸多方面，需要通过科学的顶层设计、系统的整体规划来厘清发展思路，明确国际化办学的指导思想、具体原则、目标任务、保障措施等，抓住关键、突出重点、盘活全局，从而建构起职业教育国际化长远发展的路径，并使发展路径清晰可见。

近年来，我国虽出台了规范和促进教育国际化的政策法规，但因职业教育有其特性，职业教育的国际化发展也不是一所学校的国际化或某个区域的教育国际化，涉及多个部门，亟须政府制定职业教育国际化发展的战略，加强科学的顶层设计，对职业教育国际化进行整体规划，进一步明晰职业院校国际化发展的思路和重点，出台更具针对性、指导性、前瞻性、规范性和可操作性的法律法规，切实引导和制约各主体行为，为职业院校开展国际交流与合作提供更加坚实有力的政策保障，规范和推动职业教育国际化健康有序发展。在现有职业院校开展国际交流合作的基础上，还可遴选出部分具有国际化办学优势的学校或具有较强竞争力、影响力的特色专业，通过整合资源优势，组团进行国际交流和推广，构建具有中国特色的职业教育国际化路径，打造具有中国特色的职业教育品牌。当前，在"一带一路"倡议背景下，随着企业"走出去"战略深入推进实施，我国职业教育尤其需要进一步梳理总结中国职业教育的特色，并以标准化范式融入国际化发展的规划中，以适应"走出去"的需要。

从职业院校自身来看，目前，许多职业院校盲目追求国际化办学的高档形象，而沉心静气谋求国际化长远发展、制订清晰的国际化办学规划的职业院校较少，大多数开展国际交流的院校都是"东一榔头西一棒槌"地开展国际交流的院校较多。有的院校没有全面深

入、及时准确地理解职业教育国际化的诉求，对职业教育国际化的战略规划、发展现状认识不足，缺乏科学的顶层设计，对自身的国际化办学定位不明确，片面追求国际化办学的名声或者创收，没有将教育国际化和学校发展布局、人才培养计划等紧密联系起来。有的学校即使在学校整体发展规划中有列入国际化的内容，但多数是将国际化进行笼统的阐述，缺少系统性、针对性的具体安排和行动设计。不少职业院校的国际化办学浮于表面的热闹，国际化项目零零散散且比较盲目，不具有系统性、协同性、可持续性，呈现国际化模式的同质化。尽管不少院校已意识到"一带一路"建设对职业院校开展国际化办学是十分宝贵的机遇，但是对于如何通过这一战略性机遇来推动职业教育国际化向纵深发展缺乏深入的思考谋划。由于在推动工作的实践中缺乏完善的工作机制和有力的制度保障，国际化呼声一时热闹之后并没有切实可行的举措跟进，使得不少职业院校的国际化办学名不副实。

（二）职业教育国际化发展不均衡

我国高等职业教育国际化水平存在两个发展不平衡的问题。

一是区域发展不平衡。我国职业教育国际化的不平衡和我国区域经济社会发展的不平衡相伴而生。经济较为发达的东部沿海地区职业教育发展成效更优，且对国际化人才需求更大、对国外留学生的吸引力更大，国际交流活动和国际化办学项目也更多，所以从职业教育国际化的速度、规模和质量来看，我国经济发达的东部沿海地区比经济相对落后的内陆地区明显占据优势。中西部地区的高等职业教育普遍薄弱，与东部沿海地区还有很大的差距。

二是院校之间的发展不平衡。近年来，我国加大对职业教育的办学投入，职业院校办学的软硬件条件日益改善，职业教育发展取得了长足的发展。中国职业教育已形成以示范院校和重点大学为代表的重点院校。这些学校具有良好的教育教学资源、比较突出的办学特色、丰硕的办学成果，具备开展国际化办学的条件，且从促进自身可持续发展的角度出发，有开展国际化办学的迫切需要和强烈意愿。一些重点职业院校以自身办学实力作支撑，能够主动地迎接国际化发展的机遇，积极参与到国际化发展的竞争中，国际化办学的步伐明显加快。但这并不意味着我们所有的职业院校都有国际院校的实力。非重点学校因为自身底子薄、起步慢，在抓自身实力建设上亟须投入大量时间、精力、财力，对国际化办学的认识不到位，没有产生强烈的国际化办学意愿，开展国际化办学的积极性、主动性不够，甚至存在恐惧心理。长期形成的思维模式使部分职业院校习惯于"等、靠、要"，缺乏应对职业教育国际化挑战的勇气和魄力，对于国际化办学既缺少自信和底气，又缺少清晰的实施思路和保障措施，还缺少国际化办学的经费投入，难以迈出国际化办学的步伐，也难以把握住以国际化发展带动学校全面提档升级的机遇。大部分开展国际交流合作的普通职业院校也往往停留在单向输入境外职教资源的浅层面，对外输出职教资源的学校较少。

（三）职业教育国际交流机制待健全

职业教育国际化不是一种"宣誓"行为，不能停留于口头或规划蓝图上，需要多方力量的参与和支持，需要健全国际交流合作工作的管理平台和协同工作机制，形成政府、职业院校和其他有关组织机构上下协调、整体联动、共同发力的良好局面，才能推动职业教育国际化的可持续性发展。

近年来，我国职业教育国际交流合作的体制机制不断完善，但在中外合作平台运行、职业教育跨境办学、中外合作办学质量保障和评估、国际交流合作监督细则、留学生教育服务管理、职业教育国际化办学经费保障机制以及建立与国际接轨的技能标准和职业资格质量标准等方面亟须加大制度建设力度和创新力度。应当加强对职业教育国际化办学实践的宏观调控能力和微观约束能力，加大对国际交流合作中涉及的设备、资金等资源的支持力度，进一步调整职业教育国际化相关主体的权责关系，确保职业教育国际化规范化、科学化运行。

目前，国内职业教育开展国际化办学的水平参差不齐，其中，公办职业院校在国际交流合作方面开展的工作较多，特别是优质的公办职业院校，发挥了示范性作用。但是公办职业院校在推进国际化的进程中，不少院校缺乏切实有效的工作载体，难以准确地找到工作切入点和与国内外职业教育资源有机融合的结合点，调动整合各方资源的机制欠缺，职业教育国际化的深度和广度都亟须拓展。而民办职业院校和中职学校获得国际交流与合作的机会相对较少，开展国际化办学的实力较弱。推动国内职业教育国际化，不仅需要为国际交流合作牵线搭桥的机构，还需要建立健全商务、外交、教育等有关主管部门和地方政府、行业企业以及职业院校共同参与的职业教育国际交流合作协作机制。同时，还应建立健全职业教育国际交流合作管理共享平台，为各级各类学校提供国际交流合作信息，并给予分类指导，以提高职业教育国际化的整体水平。

（四）职业院校国际交流管理水平待提升

作为国际化办学的重要主体，职业院校要充分发挥能动性，调动一切积极因素推动国际化发展。目前，职业院校通常由国际合作与交流处负责外事工作，但是，外事部门"单打独斗"的现象较为严重，大部分职业院校尚未形成统筹协调、齐抓共管、各负其责的国际化工作格局。国际交流合作涉及教学、科研等诸多方面，专门的部门并不足以支撑起国际交流合作工作，如果没有其他行政职能部门和二级教学单位的通力配合，缺少全校教职员工的积极参与，国际交流与合作就难以更好地融入学校教育教学中，容易与实际脱节，且对在全校树立国际化意识、培养国际化思维产生不利影响。

从职业院校国际交流合作部门的工作运转情况而言，大部分院校专业的外事人员严重缺失，外事工作队伍整体力量相对薄弱。目前在职业院校外事部门中，翻译工作主要由负责英语教学的专任教师兼任，除少数优质的职业院校和开设有其他语种课程的院校外，其他语种的翻译基本上处于空白状态，这对多元的国际交流合作而言无疑会造成巨大的损失。而在外事业务知识方面，职业院校外事工作部门也亟须通过多渠道、多层面的学习培训，紧跟形势政策的变化，切实增强业务能力，完善管理与服务，不断提高新形势下的对外工作能力，确保涉外工作安全和顺利进行。

在外国留学生和外籍教师的管理工作方面，大部分职业院校缺乏系统、完善的管理制度，管理效能不佳。在外国留学生管理上，因为存在语言、文化、生活习惯等方面的差异，留学生的日常管理本身存在一定困难，加之留学生对国内职业教育的教学方法、模式不了解，难以进行长远的、合理的学习规划，职业院校亟须配备专门的联络员，加强与留学生的沟通交流，协助留学生处理一些学习生活问题，同时细化留学生管理规定，把学校的规章制度传达给留学生，切实保障留学生的权益，确保留学生管理规范有序。在外籍教师管理上，部分职业院校对聘请外籍教师的目的和作用认识不够，甚至只重数量不重质量，片面地把"外教多"作为学校国际化特色宣传，在选聘引进上把关不严，岗前培训不到位，缺少对外籍教师教学态度、教学能力、教学效果等方面的完整考核评价体系，也没有及时开展评估反馈，以致外籍人员的作用不能得到充分发挥，有时还会起负面作用。

（五）职业教育国际化层次不高

职业教育国际化并不是简单的人员流动，不是浅层次的交流，也不是形式上的合作，而是需要辩证吸收国外职业教育的精华，在人才培养、科学研究、服务社会等方面发挥实质性的作用。但从目前职业教育开展国际交流合作的情况看，国际化的深度、广度都不够，大部分院校都还停留在较浅的层次上。

在人员的国际流动方面，职业院校国际交流主要是向国外输送生源，培养的学生主要面向国内就业，进入国际竞争市场的对外开拓性人才严重匮乏。教师主要是短期性的进修、培训、互访、考察较多，而长期性深度学习的较少，获得国外先进知识、提高国际化交流的能力有限；引进的外教开展语言教学的较多，结合职业教育专业进行科技研发、解决实际难题的较少。

在招收留学生方面，我国职业教育留学生规模并不大，面向国外留学生开设的全外语课程数量很少，对国外留学生的吸引力还亟待增强，这在某种程度上也使职业教育资源得不到充分利用，限制了部分职业教育专业开展国际化交流合作的实践机会。

在课程建设上，大部分院校以语言类课程为主，专业的国际化教学类课程、有关国际能力综合培养的公共课程以及国际职业资格课程不多，引进国外原版教材和实现国际教材本土化的也很少，数量有限的外国留学生来华的目的也主要是学习中国文化和汉语表达。

在科学研究方面，国内职业院校参加国际学术性会议交流的机会并不多，与国外机构合作开展科学研究的机会也非常少，教师国际科研合作能力还显得很薄弱，吸收、转化国外先进科研成果的成效还不明显。

在国际化学习氛围营造方面，国内大部分职业院校由于处于国际化发展的初级阶段，存在国际化工作和教育教学相脱节的情况，也存在忽视打造国际化学习环境的情况，国内师生在校园内并不能切实感受到学校浓厚的国际化氛围。文化氛围是软支撑，缺少相应的文化氛围，不利于国际化人才的培养和成长。

在引进职业教育资源方面，职业院校对接国家经济社会发展紧缺专业引进的项目并不多，引进资源的优势也往往并不突出，职业院校多是引进其教学理论、课程体系和管理制度方面的内容，对国际化课程体系的深度了解不够，在争取国外职业教育的核心教学资源和其背后重要的产业资源的主动意识也还不够强。且职业院校引进的先进教学资源与我国职业教育的融合度不够，未能将国际优质资源切实吸收转化，限制了职业院校自身国际化办学水平的提高。

就国际化办学的有效性而言，一些职业院校的国际化名称与实际不符。随着教育开放程度的提高，国内职业院校抢夺国外优质职业教育资源的竞争比较激烈，有的院校由于自身实力有限，缺乏专业优势和办学特色，但对国际化办学又有着迫切需求，存在着"拿到碗里都是菜"的错误倾向，只是一味的想尽办法开展国际交流活动，但重数量不重质量、重形式大于重内容，以致国际化办学被加上一个掺有水分的"虚名化"标签，没有使国际交流合作发挥出真正的价值和应有的作用。

在与地方互动交流方面，职业院校往往忽视了地方资源的运用。职业院校承担着为地方经济社会发展培养技术技能型人才的责任，必须面对国内经济转型升级的压力和对外拓展的迫切需求。职业院校的国际化发展也应立足地方、服务行业、面向世界，积极与地方经济社会发展同频共振，依托地方对外发展的部署，拓展职业教育对外开放的格局。但大部分高职院校开展国际化合作往往局限于学校内部，缺少与地方互动和交流的意识，既限制了国际化资源的整合，也没能更好地为地方经济社会发展服务。

在职业教育"走出去"方面，由于各国各地区在政治、经济、文化等方面存在较大差异，职业院校在处理文化适应性和教育本土化方面也面临着不少难题，且输出的中国文化、中国理念较为碎片化，在创新技术等方面的输出有限，亟须采取更加有力的措施约束和规范职业院校"走出去"的路径，保障和维护职业院校的合法权益，同时要结合当地实际需求和职业院校自身的办学特色、资源优势，更加系统地推广中国的职业教育理念、内容、标准等，加快本土人才培养。

（六）国际化师资队伍建设亟待加强

一支强大的国际教师队伍是职业教育国际化发展的前提和基本保证。由于历史原因，我国职业院校教师的整体外语水平不高，与职业教育国际化发展的要求不相适应。很多教师受外语水平和自身资质制约，难以在国际交流中进行有效沟通，甚至出现语言交流方面的尴尬，更无法全面认识和深刻理解国外先进的教学方法、教学理念，难以从深层次上对国外优质教育教学资源进行自由吸收和转化，极不利于推进国际交流与合作进程。

尽管近年来职业院校大力实施"人才兴校"战略，加大师资队伍培养力度，但培养的着重点较多聚焦在专业建设、课程开发、产教融合以及教学手段等方面，对提升师资队伍的外语水平并未放置于关键点，缺乏对教师提高外语水平的外部激励机制。另外，外语学习本身是一个循序渐进的过程，并不能在短期内一蹴而就，职业院校教师在承担教育教学任务之余，需花费大量时间精力来开展外语学习，需以持之以恒的精神克服工作和学习之间的矛盾。在外部激励不足、内生动力不强的情况下，教师很难切实主动提高外语水平，继而容易在国际交流合作过程中遇到问题和困惑，进而影响职业教育国际化进程。

除了语言的基本要求外，教师的国际化视野、国际化能力也是国际化师资水平的重要考量内容。职业院校可以通过形式多样的对外交流合作项目，不断提高教师的教育教学水平，但是总体来看，目前我国职业院校师资队伍的国际化能力还很有限，国际化教育教学水平还比较薄弱，迫切需要加大力度建设高水平、高素质的国际化师资队伍。部分职业院校对开展国际化师资培养的理解还比较片面，大多采用短期学习交流的模式，选派优秀教师赴国外职业教育机构开展培训、提高教师国际化教学技能的意识还不够强。不少职业院校教师纵然有外语基础，但缺乏对国际认可的职教标准的深度研究，固守国内教学中实施的课程模式、教学方法，过度依赖自身积累的经验，在与国外学生进行专业性教学互动交流过程中，容易产生教学理念、方法等方面的冲突。因此，教师本身需深耕专业领域，广泛吸纳世界范围内的行业先进理念、知识，通晓国际规则，具备较为丰富的实践经验，才能培养出高素质的国际化的职业技术技能人才。在服务企业"走出去"时，职业院校师资队伍还应了解当地的政治、经济、文化，适应行业企业的国际化要求，进一步提升综合性的国际化能力，才能推动职业教育国际化的发展。

第三章

新时期职业教育国际化发展路径中的主要问题

第一节 职业教育国际化人才培养相关问题

一、政策和其他保障性问题

（一）缺乏政策指导和有效管理

第一，目前还未出台专门的职业教育或高职教育国际化发展战略或规划，也还未制定有关推进人才培养国际化进程方面的专项法规、规章，以及还未明晰从中外合作办学到海外交换生管理再到国际交流合作进修等的细则规定。

第二，质量监管制度缺失。制度完善是一项系统工程，既包括了组织机构的完善、制度制定的完善，也包含了机制运行的通畅与否。其中，质量保障是制度设计的核心。从对新加坡、澳大利亚、美国、中国台湾等国家和地区的分析中可以看出，其对高职教育的国际化评价和质量监管均开展了大量的工作。我国目前还未建立起有效、科学的质量监管体系，忽视了相关的质量监控与分类指导，而当下建立和完善国际职业资格认证制度就显得尤为迫切。此外，目前受制于政策调整（因公出国属于严控的"三公"指标），国际交流合作项目更多局限于"请进来"，且国际化人才培训仍以短周期、开眼界的境外交流学习为主，接触国外同行的管理经验、提高业务水平和语言沟通能力的机会和时间均不够。

第三，外企与我国职业院校合作的政策缺失。据悉，虽然已有双元制试点项目，但受到相关政策的限制，基础必修课程占据了大量时间，严重影响了学徒制实施过程中的企业与学校3∶2的时间安排。高职教育国际化不同于高等教育国际化的一个重要特征在于，高职教育国际化是由企业国际化推动的，因此最根本还是要依附于中国企业"走出去"。

由于我国职业院校正在经历从学科导向办学向职业导向办学的过渡，因此传统学科导向的人才模式往往难以满足跨国企业的人才需求，导致跨国合作办学难以有效开展。

（二）缺乏专项经费保障

职业院校国际交流合作由于经济发展方面的差距，所需费用普遍较高。职业院校引进优质教育资源、师生国际流动等均受限于经费不足，在一定程度上影响了交流合作工作的实质性发展。

（三）相应的服务未跟上

目前，职业院校究竟有多少中外合作办学项目、学生规模有多大、学生结构如何、外国教育机构的类型如何、各种办学模式的数量与规模以及动态跟踪中外合作办学和境外办学的新问题和新趋向等一系列问题，都需要收集相对精确的数据，以此提高高职教育对外开放的决策质量，并实施有效的动态监管。

二、高职教育国际化人才培养模式问题

由于国际化人才的探讨本身就是一个新问题，加之对人才培养模式原有的理论研究也比较薄弱，因此，在职业院校推行国际化的进程中，很有必要认真研究相应人才培养模式的内涵与构建，为高职教育发展及人才培养提供必要的借鉴和参考。

（一）高职国际化人才培养模式的提出

为推动职业院校更好地适应经济全球化趋势下我国社会经济发展的需要，国家在政策层面出台了一系列重要的纲领性文件，从国家高度对高职教育国际化提出了明确要求，并确立了国际化人才培养的重要方针。

高职国际化人才培养模式主要涵盖了两个关键词：一是高职国际化人才，二是人才培养模式。高职国际化人才只是笼统意义上的指向性词汇，对职业院校的培养操作来说，此目标还过于含糊。因此对高职国际化人才培养目标的讨论，就显得尤为必要。在256号文出台前，多数讨论是将高职国际化人才细化为"国际化高技能人才应具备的素质"来展开，如全球视野、国际意识、国际理解能力、跨文化沟通及交流能力（刘伟）、职业资格、国际先进知识和技术、运用外语和计算机的能力、职业道德风貌等（郭秀红）等；256号文中的"具国际竞争力的高端技能人才"要求则将职业院校国际化人才培养目标的内容予

以明确。

从人才培养目标的明确到将其落实于实际教学过程，中间衔接的一环即为人才培养规格问题。从对具国际竞争力高端技能人才的内涵解释中可以发现：其一，要紧贴市场。根据我国职业院校的自身实际情况，目前普遍选择的是国内国际化路径，此路径下培养的国际化人才主要服务于国内外向型企业或跨国公司。因此，了解和掌握这类企业对人才的需求特征是职业院校国际化人才培养的出发点。其二，素养结构上既要具备凸显特质的国际专业之长，又需要有能持续发展自我的职业关键能力。这是职业院校制定人才培养规格中的重点内容。其三，学历水平上应达到高职教育研究生层次。

此外，基于高等教育国际化内涵中"引进"和"输出"的双向度特质，对培养规格中体现的相关要求也应符合这样的双向度，比如不仅要聚焦于学生外语应用能力的培养，也应当重视母语运用水平的提高；既要理解他国文化，更应熟悉掌握本国的特色文化等。总之，应处理好国际化与本土化辩证关系在人才培养过程中的现实应用。

这样的人才培养规格要求，除了能与高等教育层面对国际化人才能力素质的要求一致，如"国际人文素养基础，外语应用能力、跨文化交流能力及国际化视野；国际化的知识和市场观念；创新意识和创新能力；信息能力；民族责任感；良好的心理状态和与人合作沟通的能力"，也体现出了"高职"的特殊化要求，即技术能力方面要通过国际上的专业职业资格认证与技术等级认证，从而具有在国内外向型企业和跨国公司任职的职业资质，成为其认可的人力资源。

（二）高职国际化人才培养模式的要求

在社会需求的驱动和国家政策的指向下，随着人们对国际化人才培养模式关注度的增强，相关的研究逐渐增多。虽然落脚点是高职国际化人才培养模式的构建问题，但分歧却源于对人才培养模式界定的不同理解：人才培养模式是人才的培养目标、培养规格和基本培养方式（周远清）；是教育思想、教育观念、课程体系、教学方式、教学手段、教学资源、教学管理体制、教学环境等方面按一定规律有机结合的一种整体教学活动（刘红梅、张晓松）等。

在此基础上，关于高职国际化人才培养模式的研讨，也主要围绕着这几个问题展开，如有研究者认为高职国际化人才培养模式是在推行高职教育国际化的过程中，在专业设置、课程开发、教学方式转变、教师素质提升等方面做出的改革（贾华）；是在高职教育国际化过程中以国际化人才为培养目标，在培养理念、培养过程、运作方式等方面按国际化标准与原则来进行相应的设定与运作（王玉香）；是在特定思想指导下，为实现培养目标而采取的组织形式及运行机制，包括人才培养目标、培养规格、培养方案、培养途径和教育评价五个基本要素（孔韬、陈汉平）等。

具体到高职国际化人才培养模式，即是用何种有效的模式来培养具有国际竞争力的高端技能型人才。换言之，是按照具有国际竞争力高端技能人才的培养目标要求，以掌握国际专业知识、达到国际标准要求的职业关键能力、具备国际理解素质为培养规格，在运行机制的有效保障下，通过以构建国际化课程体系为中心的培养途径及以院校、企业和引入第三方专业机构为主的培养评价，构建起教、学、管一体化的标准化运作。人才培养模式具有层级性：既有主导整个高等教育系统的模式，如素质教育模式、通才教育模式、专才教育模式，又有各高校倡导践行的培养模式，还有某专业独特的培养模式。本书主要探讨的是第二层级即院校层面的人才培养模式。

三、职业院校国际理解教育问题

一些职业院校与国外同类院校的交往范围日益扩大，交流层次逐步加深，理解和尊重问题变得前所未有的紧迫。然而，受办学条件和教育理念等因素所囿，职业院校开展国际理解教育还未受到充分重视，实践效果不明显，制约了国际化技术技能人才的培养，不利于职业院校服务地方经济社会发展的转型升级。主要表现在三方面：一是观念上的不认可。职业院校突出技能训练，强调校企合作，学生三年的学习时间除了基础课、专业课学习，最多还有一年的时间顶岗实习。因此很多老师会感慨："规定动作"还完成不了，何来"自选动作"之说？二是运作中的"两层皮"。一些职业院校或迫于形势或赶"潮流"将国际化纳入了发展规划，但多是"纸上谈兵"，无"真枪实干"。在倡导国际化发展时迈过了"理解"，而过分强调"交流与合作"，结果多停留在形式上的"你来我往"，并未进入实质合作层面。三是机制上的无保障。许多职业院校教师到国外培训时"感慨颇深"，回国后又"恢复常态"，甚至认为国际化是院校顶层设计的任务，与己无关。其结果，就是不同程度地存在着国际理解教育理念淡薄、教师国际理解素养不高、学生国际理解能力较弱、国际理解教育课程体系建设缺位、校园文化单一等情况。

（一）国际理解教育研究综述

国内外学者也就学校开展国际理解教育问题进行了一些研究。除了基于国际理解教育概念、发展史的本体研究外，国内关于国际理解教育实践途径的研究，主要集中在以下四个方面：

一是比较借鉴研究。如洪文梅的专著《当代日本国际理解教育的考察与思考》、卜剑锋的《日本国际理解教育的发展及理论之考察》就从教学角度对日本实施国际理解教育进行了全方位的考察；陈鸿莹、张德伟则介绍了全球化背景下美国、日本、荷兰、墨西哥等国开展国际理解教育的实践改革策略；徐辉、王静也以英、美、日等国为例，具体分析了世界各国开展国际理解教育的具体措施。这些途径和措施为国内实施国际理解教育提供了理论支撑和借鉴。

二是策略性研究。如李世彬、孙雪梅提出了开展国际理解教育的集中实践途径：推行双语教学、合作培养研究生、积极发展留学生教育和开展多元文化教育等。这对实施国际理解教育具体措施具有总体性的指导作用。

三是对国际理解教育课程的构建研究。这部分研究提出我国教育领域应开设专门的国际理解教育课程，形成独立的内容结构体系。如蒋园园从理论层面，系统分析了国际理解教育课程应有的范畴；翁文艳则从实践角度，在提出课程内容结构的基础上，指出国际理解教育课程具有活动中心、问题引导、小组合作的学习特色，适应于具备条件的城乡学校。

四是主张在教学过程中渗透国际理解教育的相关研究。这部分研究主张在国际理解教育课程体系尚未建立的情况下，应先在已有的学科专业课程中渗透国际理解教育。谢淑海、熊梅从理论层面探讨了国际理解教育融入学校课程的原则（整合性、系统性、有效性、校本化和建构性）与模式（主题活动、学科附加、综合统整和自觉行动模式）；陈红、何妮妮则从实践层面，提出在保证学科教学目标完成的前提下，通过挖掘跨学科主题、借助恰当情境视角和拓展知识视野等在学科教学中渗透对国际理解教育。

综上所述，关于国际理解教育的研究，理论介绍居多，实践探究较少；在少量的具体实践途径探讨中，围绕中小学教育课程的开设和渗透展开较多，对高职教育尚未涉及，尤其是对依托国际交流合作项目、基于本土开展和推进国际理解教育的策略性和具体措施性的研究尚待开展。因此，在多元文化背景下，加强职业院校开展国际理解教育的研究，将有助于推进职业院校在国际交流合作尤其是国际化人才培养方面的可持续发展。

（二）国际理解教育内涵

教育国际化包括教育的国际交流、国际理解和国际合作。国际理解的目的是促进和平与合作，原则是促进不同文化背景下不同国家和人们间的相互了解和尊重。国际理解教育就是基于上述目的和原则的终生教育，包括学校教育和成人教育等。因此，国际理解教育（education for international understanding）通俗讲，就是理解国际的教育，就是国家间、民族间和文化间不断开放、合作与融合的教育，包括国际交流、国际理解和国际合作。显而易见，国际理解教育是"理解国际"的教育，包含了"理解国际"的知识、价值观、态度和能力，是教育国际化的核心，也是促进教育国际化发展的桥梁和重要途径，它在国际交流与国际合作间起着桥梁纽带的作用，是促进教育国际化发展的重要途径和有力保障。

自1946年联合国教科文组织第一届大会首次提出国际理解教育理念，旨在增进国家民族间的相互理解，进而促进世界和平以来，国际理解教育就以合作院校和师资培养的形式在世界各国得以广泛发展和传播。1974年，联合国教科文组织发布《关于教育促进国际理解、合作与和平及教育与人权和基本自由相联系的建议》，将开展国际理解教育的目的转向以"国际公民"为培养目标，探讨人类共同面对的问题及寻求和构建普适意义上的价值观。近年来，随着全球化进程的加快，各国政府纷纷将经济、政治等引发的社会新问题赋予国际理解教育，使其肩负了更为复杂的使命任务。我国自改革开放以来，在邓小平同志"教育要面向现代化，面向世界，面向未来"方针的指引下，国际理解教育逐步获得政策支持。《国家中长期教育改革和发展规划纲要（2010—2020年）》首次明确提出要"加强国际理解教育，推动跨文化交流，增进学生对不同国家、不同文化的认识和理解……培养大批具有国际视野、通晓国际规则、能够参与国际事务与国际竞争的国际化人才"。党和国家领导人也在不同场合多次明确表示，要积极开展对外文化交流，加强国际理解教育，增强跨文化交流能力等。

（三）职业院校开展国际理解教育的可行性

国际理解教育是现代教育中一项基础性的教育内容。开展国际理解教育的目的，不是为了掩盖现实中不同国家和民族间的冲突和矛盾，而是为了帮助学生在现实情势下构建国际理解教育的核心价值理念、学习跨文化交流的基本方式以及培养跨文化交流沟通的能力。只有主动了解不同文化间的差异，学会找寻差异背后的原因，包容差异文化，从而形成文化共存的国际理解态度，才是国际理解教育在多样化内涵和复杂呈现形式背后的实质内容。

1. 职业院校应开展国际理解教育的原因

影响职业院校开展国际理解教育的因素有很多。职业院校由于受社会观念及自身办学条件、专科意识办学传统、地域特征等因素的制约，不同程度地存在着国际理解教育理念淡薄、学生国际理解能力相对较弱、国际理解教育课程体系建设缺位、教师国际理解素养弱化、校园文化单一等问题。但这并不意味着职业院校没有必要或者不具备开展国际理解教育的条件。

第一，开展国际理解教育是推进高职教育国际化进程的需要。当前，职业院校国际化发展过程中迈过了"理解"，过分强调"交流与合作"，结果多停留在形式层面，并未进入实质的国际交流与合作。开展国际理解教育，对职业院校来说，不仅能促进其认知、学习和借鉴发达国家的现代高职教育理念，构建科学的教育观、教学观、管理观和评价观，还能为其搭建跨文化交流平台，促使其获得更多的优质教育资源，并实现自身校园文化的多元化发展。

第二，开展国际理解教育是培养具有国际竞争力高端技能型人才目标的需要。从人才培养需求来看，国际化背景下新的社会理念（如可持续发展、协同发展、多元化等）对高职教育人才培养提出了新的要求，区域国际化经济发展现状也对国际化人才需求迫切，但社会市场的旺盛需求与高职人才培养的现状并不对等。在商务交往实践中，学生仅仅懂外语只是成为国际化人才的一个必要条件，还要了解不同地域之间的文化差异，接受与自己不同的价值观和行为规范。开展国际理解教育，尤其是有意识地进行跨文化交流能力的培养，对高职学生来说，不仅能拓展其国际视野，提升其文化理解能力，更能针对性地提高其与来自不同文化背景的人有效交往的能力，更好地与市场和企业需求相衔接。

2. 职业院校开展国际理解教育的可行性

从实践的可行性方面来看，一方面，国际理解教育的内涵特征与国际化背景下的高职人才培养目标相契合。国际理解教育的内涵（以国际意识的培养为前提、国际知识的了解为基础、行为技能的具备为保障、国际素质的形成目标）、倡导的内容（国际化的视野、理解多元化的思维方式、团结协作的友好态度、尊重宽容的心态等）与国际化背景下政府、社会对高职人才培养目标的定位和需求相契合，如教育部《高等职业教育引领职业教育科学发展行动计划》中明确提出了高职教育要培养具有国际竞争力的高端技能人才。另一方面，一些职业院校的前期实践探索也证明其具备了开展国际理解教育实践的可能和条件，如江浙及珠三角一带的许多职业院校，尤其是国家示范性职业院校，已在一些方面做出了积极努力和极富创造性的探索，通过国际交流与合作，在人才培养类型上体现出了一定的特色性和示范性。纵观国内，部分职业院校在办学水平、人才培养现状、提高生源水平等方面已先行先试，为探索实施国际理解教育提供了条件。

对职业院校来说，开展国际理解教育能促进其认知、学习和借鉴发达国家的现代高职教育理念，构建科学的教育观、教学观、管理观和评价观，能为其进行跨文化沟通和交流搭建平台，促使其获得更多的优质教育资源，并实现自身校园文化的多元化发展。从人才培养需求来看，国际化背景下新的社会理念（如可持续发展、协同发展、多元化等）对高职人才培养提出了新的要求，虽然区域国际化经济发展现状对国际化人才需求迫切，但社会市场的旺盛需求与高职人才培养的现状却并不对等。

第二节 职业教育国际化管理问题

一、职业院校国际化管理释义

（一）职业教育国际化管理背景

伴随着区域经济转型升级和参与全球竞争程度的日益提高，职业院校必须着眼于地方经济发展的需要以实现自身的转型升级，培养理解多元文化、具有国际视野、懂得国际规则、能够参与国际分工与合作的应用技术技能人才，而推动实施国际化发展战略是适应这一趋势的有效途径和必然选择。基于这一认识，我国不少职业院校在近年来开始强调国际交流与合作，在推动院校国际化发展上取得了一些成绩，但受既有管理模式和管理策略的制约，职业院校的国际化进展并不顺利，需要借鉴国际管理经验进行合理调适。

同时，近两年国家出台的重大政策为职业教育国际化发展提供了良好的政策环境，职业院校的管理问题也逐渐成为焦点：《关于加快发展现代职业教育的决定》提出要完善现代职业学校制度；全国人大常委会《职业教育法》执法检查对建设现代职业学校制度提出要求；《职业院校管理水平提升行动计划（2015—2018年）》在工作重点中明确要求充分发挥管理工作对职业教育发展的推动和保障作用；《推进共建"一带一路"教育行动》要求构建院校运行管理模式、建设现代学校制度等为"一带一路"提供人才支撑服务。从职业院校的"高等"属性及内部运作情况来看，国际化既是大学发展本质特征的主要体现，也是职业院校未来发展方向，诸如"创建一流"的重要途径和方法。职业院校实施国际化，不仅在于提高人才培养质量本身，更在于通过转变管理机制，构建现代职业院校管理制度，提高院校的整体办学水平。

囿于我国国情及高职教育自身的发展实力，职业院校国际化总体上还处于起步阶段，加之在此过程中很难复制普通高等院校现有的模式与做法，因此采用怎样的策略和管理方式实施国际化，既缺乏实践经验，也缺乏理论指导。鉴于此，探析职业院校国际化管理的特征及由此特征决定的机制构建问题，是为职业院校国际化设计合理的管理运行策略的理论基础，亦成为实施国际化过程中必须解决的重要问题。

（二）职业院校国际化管理基本特征

职业院校国际化管理实则是管理国际化，既是管理国际化活动与事务，也是院校国际化的一部分。国际化活动主要包括课程与项目、教学过程、研究活动、课内外文化活动等，国际化发展规划、外籍教师管理等则可归结为国际化事务。当然，从管理层次或范畴来看，不仅职业院校自身承担着十分重要的国际化管理责任，政府及其他社会机构对院校国际化管理也发挥着重要影响。本书所说的国际化管理，并非是管理的国际化，也并非是泛指，主要是指职业院校内部对国际化活动和事务的科学化管理。

据此，职业院校国际化管理可理解为是通过有效的规范和转化方式，为实现职业院校国际化发展目标而制定的一系列系统配套的制度和管理机制。其内涵既应有目标的确定，更应有行动的方式，还应有运作的保障。运作主体是相关的组织管理体系，包括组织架构的建立和子体系的完善，并在此基础上能使各子体系之间保持紧密联系、相互补充和有效运转，共同服务于院校整体的国际化发展。

在其内涵下，职业院校国际化管理具有一般管理的典型特征，如有计划性、有组织性、有领导力和可控性等，但也有其自身的逻辑和独特性，并具有系统化、多元化和重效益的特征。

职业院校国际化管理的系统化侧重在统筹力度层面。从职业院校国际化管理实施的过程看，包括建立机构、培训人员、建章立制、进度监督等。国际化战略管理是由国际化战略规划、实施和评估等环节构成的动态过程，也是国际化战略目标、内容、实施手段及步骤等交织并进、协同发展的功能机制，由此形成一种流程化、科学化的运行模式，以形成职业院校活动的国际化和自身方式的国际化。

职业院校国际化管理的多元化侧重在参与力量层面。院校国际化是一项系统工程，需要全校师生共同积极有序的参与。另外，行业组织、企业为高职教育的主要办学主体和依托，所以必须将行业企业方的需求置于重要位置。国际化管理的目的是实现国际化工作的有序化、有效化。因此，在职业院校的国际化管理中，校级层面不再是唯一的管理主体，行业、市场、职能部门、二级学院、师生个人同样是主体，多元主体共同承担着国际交流合作事务的管理责任。

职业院校国际化管理的重效益侧重在资源配置层面。职业院校国际化管理涉及面广泛，需要调配整合的人、财、物、信息资源多种多样，不仅包含整体上的酝酿设计决策、多元主体的参与执行过程，更包含了教育系统中多种事务和资源的协调与分配，是一个极其复杂的过程。在职业院校国际化的管理模式中，资源应被高效地分配到能促进院校国际化快速发展的领域中。如院校决策层在开发国际交流合作的新项目时，应更加关注二级学院开发项目的基础与潜能，以便更好地分配院校资源，使得效益最大化。再如职业院校在考虑国际交流合作项目中的预算分配和激励机制时，应不忘高职属性和使命：一要体现其"高"，通过对外合作，提高办学质量；二要凸显"职"，鼓励与行业企业建立紧密联系，服务行业企业的国际化进程，故在配置资源和评价合作项目的同时，应使内部的导向或评价标准向行业企业甚至是国际市场标准看齐。

二、我国职业院校国际化管理存在的问题

职业院校国际化战略意义重大，但依赖于有效的实施即战术的配合。从当前情况看，受多种因素的影响，我国职业院校把国际化当作一项战略目标加以制定虽比较容易，但要将其付诸实施并达到预期目标却面临许多问题，甚至是困难重重，其结果是即使职业院校提出了国际化发展战略，制定了国际化的目标，也很容易像过去那样仅是开展一些国际交流与合作工作，发展局限于交流与合作项目的增多，较少取得"国际化"方面的突破，具体表现是：职业院校与国（境）外高校（教育机构）、行业企业等进行大量浅层次的、短期的人员培训与交流，或单纯的生源供需上的合作，而在提高自身办学的国际化水平、培养具有国际竞争力的技术技能人才方面进展不大。

从组织管理的角度看，我国一些职业院校国际化发展战略之所以难以有效实施，是因为这些学校往往只重视战略规划，侧重于对学校面临的竞争环境以及自身的资源进行分析和研究，虽在此基础上提出了战略目标和战略举措，但对战略管理不够重视，有效的管理机制没有建立起来，这导致学校即使制定了战略目标和战略举措，有的学校甚至制订了专门的发展规划，却不能按国际化的发展思路去执行，其结果是学校开展了大量的国际交流与合作，但离国际化的本质相去甚远。

管理就是一种核心竞争力。然而在以教学为主导的职业院校中，管理往往容易被忽视。虽然各种对外交流合作活动呈现出了蒸蒸日上的发展趋势，但与之相匹配的管理国际

化却发展缓慢。从目前的管理现状来看,大多数职校距国际化还存在很大差距,如实际运行的教育管理基本是经验加政策导向式的,突出表现为非理性管理、凭经验办事、靠红头文件办事,管理的科学化水平很低,严重制约着我国教育事业的发展,制约着我国教育与国际接轨。

(一)国际化战略规划的有效性受限

国际化管理是一个综合性的系统管理工程。对院校而言,需要立足长远,注重宏观顶层设计,建立长期的国际化战略规划。我国一些职业院校虽成立了专门的外事机构,但学校除对重要外事活动进行短期的统一协调外,平时很少进行系统的整合。一种情况是还未将国际化定位为战略;另一种情况是即使已确立为战略,却没有明确的发展思路来指导如何管理。

国际化管理理论上既缺乏长远战略规划,又缺乏综合协调,行动上则缺乏流程。因此,对于以国际化为目标的职业院校而言,有必要将国际化作为一项战略内容列入其使命之中。通过充分获取国内外教育科技发展动态,分析自身与周边环境的关系以对自身定位进行把握,依照自身优劣势及对未来发展方向的判断,合理调整管理结构,科学配置资源,从而实现自身国际竞争力的提升。

(二)教师参与国际化过程的主动性缺失

国际化战略规划的执行需要集体行动的合力,而教师是院校开展国际交流合作活动的直接参与者,一线教师的活力直接影响着国际化进程的推进效果。在我国职业院校现有的管理体制下,基层组织缺乏相应活力,多数教师缺乏参与国际化活动的主动性。其原因有两点:一是教师的参与度不足。教师往往被视作院校国际化政策的执行者,参与什么国际化活动及如何参与等问题被认为是相关机构如国际化工作委员会的事情,理所应当是院校行政管理人员负责。而事实上,职业院校在推行国际化的过程中,培养国际化人才是重点,教师本应是实施主体,实践中教师却鲜有参与国际化及管理的权力。二是缺乏对教师有效的激励机制。在国际化的推动过程中,若仅靠自觉,缺乏竞争和激励,在职业院校教师本就课程压力大的情况下,很难有动力主动寻求、参与和推进院校国际化活动或项目。

(三)资源配置缺乏标准和依据

影响职业院校国际化管理效果的因素包含决策者的视野与动机、参与者对国际化的兴趣与动力、学校氛围的营造、资源的争取及现有资源的合理配置等。某些院校办学自主权虽已在逐步落实，但常因缺乏优质的对外合作教育资源及无法有效配置现有资源而阻碍国际化发展的进行。当对外交流合作政策由上而下转移到以院校为主体的运行模式时，教师国际交流能力不足、缺乏合作资源及资源运用缺乏弹性等种种问题对院校的国际化管理能力提出了挑战。从院校层面看，平均主义、均衡主义思想仍在起作用，决策层的方向性指导作用未全部发挥，囿于制度原因，资源配置缺少标准和导向，随意性较大，二级学院间各自为政，彼此间的资源调配互设壁垒，资源损耗或重复现象严重，不能有效配置。

综合来看，职业院校国际化管理难以得到有效实施的原因：一是战略实施缺乏有效的载体，二是资源有效配置常与战略目标相偏离，三是组织协调管理困难，战略执行效率不高。而这些问题的本质可以归结为不断增多的项目、有限的资源与院校战略目标不一致的矛盾。解决该问题的有效方法就是将项目、资源配置与战略目标三者结合起来。

第三节　职业教育国际化路径选择的影响因素

一、我国职业教育国际化发展的形势

（一）世界职业教育国际化发展趋势

面对教育国际化浪潮，新兴发展中国家努力减少本国优质资源的流失，并积极寻求引进优质国际教育资源。印度政府认为，其过去几十年人力资源外流的主要根源就是没有完善的高等教育管理制度。为此，2011年印度通过了《外国教育机构法案》，积极实施高等教育国际化政策，规范管理外国教育机构。在2017年中国与东盟举办的职业教育联展暨论坛上，印度尼西亚科技高教发展司司长认为，职业教育的发展需要不断加强国际间的合作，并表示愿意与中国和东盟其他国家一同解决区域内的职教发展问题。泰国劳工部技能与发展司巡视员表示，泰国非常支持"一带一路"倡议，本着各国之间互相学习、相互促进的目的，愿意与中国、其他东盟国家在职业教育领域建立紧密的合作关系。各国正通过教育体制改革、国际课程开发、社会力量支援等多种方式构建符合自身发展需要的国际化职业教育体系，世界职业教育的国际化发展趋势不可阻挡。

（二）中国高等职业教育国际化发展内驱力

在2018年中共中央办公厅、国务院办公厅印发的《加快推进教育现代化实施方案（2018—2022年）》文件中，"推进共建'一带一路'教育行动"被列入十大重点任务；2019年中共中央、国务院印发的《中国教育现代化2035》把"开创教育对外开放新格局"作为十大战略任务之一。自此，我国的教育国际化事业被列入国家中长期的战略规划之中。根据上述文件精神，我国职业教育国际化发展的重要使命就是在构建人类命运共同体的思想指导下，服务"一带一路"倡议，把我国的职业教育融入世界职教话语体系，推进职业教育国际化。为此，我们应当秉持"全球治理理念"，以培养"世界公民"为目标，不断完善职业教育国际合作交流机制，深化职业院校内涵建设，努力增强职业教育国际影响力。

根据第一届"一带一路"国际合作高峰论坛发布的公告，与中国签订学历学位互认协议的46个国家和地区中有24个是"一带一路"沿线国家。根据第九届全国中外合作办学年会发布的内容，截至2018年9月，经我国批准设立或举办的中外合作办学机构和项目总数有2365个，合作项目涉及的国家和地区有34个，涵盖200多个专业，培养的毕业生超过160万人。《2019年中国高等职业教育质量年度报告》显示，截至2018年12月，在职业院校设立的海外分校中，分布在"一带一路"沿线国家的职校数量占总数的72.7%；国（境）外采用的中国职业院校开发的专业教学标准为595个，课程标准为3349个；300余所职业院校招收全日制国（境）外来华留学生，2018年我国职业院校吸收全日制来华留学生1.7万人。以江苏省为例，2018年全省42所职业院校共招收了8353名来华留学生。"一带一路"沿线国家已逐步认同中国职业教育发展模式，中国在国际高等职业教育领域的影响力正稳步提升。

从世界经济一体化的大环境、职业院校自身的发展诉求，结合前文提到的国家政策层面对职业院校国际化给予的大力支持等角度看，职业院校国际化发展势在必行。从经济方面来看，我国已全面融入世界经济体系，是世界第二大经济体和第一贸易大国，与世界各国在资本、商品、信息、技术、服务之间大规模交换、互动，人才交流规模日趋扩大。"一带一路"倡议的提出与推进为沿线国家教育改革与发展开启了新的机遇之窗，也为职业院校推进国际合作与交流搭建了新平台，为广泛开展文化交流、学术往来等双多边合作奠定了基础，必将推动与"一带一路"沿线国家高等学校开启更深层次、更广泛层面的合作与交流。我国鼓励"一带一路"沿线各国高等学校推动联盟内或校际教育资源共享，在语言、交通运输、建筑、医学、能源、环境工程、水利工程、生物科学、海洋科学、生态保护、文化遗产保护等沿线国家发展急需的专业领域联合培养学生，使职业院校为我国和"一带一路"沿线国家培养人才上大有可为。此外，作为我国实施制造强国战略第一个十年的行动纲领，《中国制造2025》提出要继续扩大开放，积极利用全球资源和市场，加强产业全球布局和国际交流合作，形成新的比较优势，提升制造业开放发展水平。随着中国经济的稳步增长及海外投资、进出口贸易的快速扩大，周边国家与中国共同发展的紧密程度在逐步增大，接受中国教育资源的输出成为周边国家的共同需求。这为高职教育推进基于国际化的校企合作提供了广阔空间和机遇，为海外企业培养技术技能人才、借企业之船出海成为职业院校助推企业"走出去"战略的有效模式。

从职业院校的自身发展来看，职业教育国际化是学校提升内涵建设和竞争力的重要路径。当前，高职教育国际化正在由"表观形象展示"的定位向切实提高国际化教育教学能力、提升发展内涵的定位转变，树立中国职业院校"走出去"的自信，向世界讲好中国高职故事、贡献中国高职发展经验和模式。如何由服务于内向型经济增长向服务于外向型经济发展转型，如何将国际化教育融入各类专业教学中，如何提高职业院校来华留学规模及质量，如何提升职业院校智库的国际对话能力和国际化教育教学能力，诸如此类的研究将会更加深入具体，相关的理性实践将会更加丰富多样。另外，高等职业教育面临着内部和外部的竞争，国内同类院校之间的竞争日趋激烈，国外的许多职教机构也瞄准了国内庞大的职业教育市场，这就迫切要求我国职业院校走特色和高质量发展之路，方能在竞争中立于不败之地。

在专业建设上，国际化发展能助推职业院校专业、课程和资格标准与国际接轨。我国高职教育已形成了丰富的办学模式和方法体系，可向国外，尤其是"一带一路"沿线国家传播我国的职业教育理念。在社会分工越来越细化的产业发展背景下，高职教育对应的专业种类齐全，专业设置调整更新速度加快，职业院校在办学过程中始终保持与行业发展同步，许多院校也参与我国相关行业和产业技术标准的制定。职业院校可将我国自成体系的产业技术标准作为标准化的教学内容，在某些国家尚未建立产业技术标准体系的某些领域抢占先机，使我国成为这些国家部分行业标准和产业技术标准的主导者，在世界各国发挥引领、示范作用。

在人才培养上，国际化发展能助力培育具备国际视野和思维的、高专业水准和外语水平的技术技能人才，为国家经济稳定增长、产业转型升级和对外开放建设提供人力资源支持。人才是发展经济必不可少的基础条件，没有适应国际化环境的新型人才，就难以敲开别国市场的大门。伴随着经济全球化的到来，在工程技术、创新型国际贸易、境外基础设施投资建设管理等领域中通晓国际规则的高素质、外向型、复合型技术技能人才越来越受欢迎。面对这样的人才需求，职业院校须不断深化改革，越来越重视复合型的跨界人才培养。此外，高职教育以产教融合为特征，注重实践教学，注重立足岗位培养学生解决实际问题的能力。职业院校可与国外开展广泛的技术培训合作，接受国外政府和企业的委托，根据当地的产业发展现状和产业工人受教育现状，面向当地急需人才产业开展技术技能培训，批量解决当地因经济社会发展所需普通层次的技术技能人才短缺问题。

在师资建设上，国际化发展能推动职业院校吸收和借鉴国际先进教学理念与方法，建成基于国际化需求的师资培训体系，促进教师的专业化发展，优化师资队伍结构，缩短与职业教育发达国家师资队伍建设上的差距，形成一支熟悉国际化教育理念，深谙外事规则的，懂专业、懂管理的师资队伍，提升学校国际化服务能力。此外，国际化发展能拓宽职业院校在科技创新、社会服务、文化交流、教育输出等方面的发展新路径，激发院校办学新活力，促进我国高职教育内涵式发展，加快推进我国职业教育现代化。

二、国际化办学层次因素

当前，部分职业院校对国际化办学的理解还仅停留在聘用外籍教师、师生互派互访等浅层次合作层面上，缺乏深度国际合作的内容和多元载体。有的学校国际化工作只是停留在签订框架合作协议层面，表面上往往是热热闹闹，一派繁荣景象，实则冷冷清清，后续并无实质性合作内容，对学校的发展无实质性推动。有的学校则认为制定了外籍教师管理办法、学生出国管理规定等制度，开展了中外合作办学项目，招收了来华留学生就是完成了国际化，这往往会忽视国际化与时俱进的特点和国际化建设提质增效不停步的内在需求。综合来看，国际化办学层次尚且不深主要体现在中外合作办学内涵建设不深，课程建设和参与国际标准开发制定不足、境外办学成效不够等方面。

（一）中外合作办学内涵建设不深

1. 大部分职业院校国际化办学是以学习借鉴起步

大部分职业院校国际化办学是以学习借鉴为主，如开设中外合作办学项目，积极引进国外优质的教育资源；如引进外方优势专业、优秀教师和工程师、先进设备和管理经验等，如中外共建实习实训基地，合作开设理实一体化课程、实训课程等。但实际情况是当前职业院校中外合作办学还存在一系列的问题。

第一，职业院校对接的境外资源层次不高。职业院校的境外合作对象以社区学院、职业技术与继续教育学院等职业教育专科层次的高校为主，本科以上层次优质的高校资源占比较少，优质资源引进工作难度较大，限制了境外优质资源引进工作的优质发展。

第二，职业院校开办的大部分中外合作办学项目集中在对办学条件要求较低的人文社科专业类别上，比如，国际商务、商务英语、会计、计算机应用、旅游管理、酒店管理等专业。符合产业发展趋势、属于新兴产业领域的相关专业却因为实训建设要求高、教育资源建设投入成本大等原因，国际化合作较少。

第三，就读中外合作办学专业的学生分数比普通高职专业低，生源质量不理想，在很大程度上影响了合作办学的质量和效果，比如学生在英语雅思成绩方面获得外方文凭的比例低等。另外，中外合作办学专业收费较高，通常是普通专业学费的2~3倍，导致国内学生家长对中外合作办学项目的热情下降，报考生源不足，使得职业院校的合作办学专业无以为继，慢慢走向消亡。以TAFE为例，很多中澳合作办学机构和项目都声称学生可以进入TAFE学院完成本科甚至研究生课程的学习，且通常收取高昂学费，但很多专业课程不结合国内情况开展教学，目的只是能使学生们可以在国外继续开展学习，这样看似与国际接轨的教育形式并不利于学生的成长与成才，单纯以升学为目的的合作办学形式很难满足未来就业的需要。

2. 中外合作办学项目内涵亟待深化

第一，项目建设管理话语权不对等。由于西方发达国家高等职业教育发展程度较高，在中外合作项目建设实践中，外方单位在国际化课程体系建设、专业教学标准制定、核心专业课程设置及项目管理等方面拥有更多的话语权，合作双方在项目建设管理话语权上的不对等现象导致现有项目不能十分贴合我国高等职业教育学科专业发展和教学管理实际需求，客观上限制了中外合作项目的健康发展。

第二，外方单位实际参与不足。受政治导向、文化偏见和管理模式等多重因素影响，现有中外合作项目外方教师在专业建设、计划制订、课程设置、学术研讨和课堂教学等方面的实际参与度较低，给资源引进、联合授课、项目管理等方面带来现实影响，合作成效难以保证，客观上制约了中外合作项目的质量提升。

（二）参与国际标准开发制定不足

首先，外语课程建设不足。近年来，我国高等职业教育积累了大量优秀的职业教育课程，但以外语为载体的精品课程数量相对不足。2020年，江苏省验收合格的外国留学生英文授课精品课程有 300 门，其中高职课程仅有 45 门，占比为 15%，"工程制图与数字化表达""光纤通信工程""轮机自动化"等工科类专业课程不到 10 门。

其次，双语教学效果欠佳。大部分中外合作项目均对双语教学提出了明确的要求，但在教学实践中，受教师本人外语水平及学生语言交际能力等因素的限制，大部分中方教师采取"英文 PPT 展示 + 汉语讲解"的简化模式，未能实际模拟真实双语教学环境，使得双语教学沦为形式，客观上影响了学生外语专业阅读写作和实用日常口语交际能力的提升。

再次，职业院校引进的国际优质教育资源本土化不足。大部分引进的国际优质资源未能完全融入课程教学，"落地"教学规模及层次较低，既浪费了国家的外汇投入，又不能为国际化专业课程建设服务。资源的本土化二次开发利用不够深入，优质境外资源的优势没有得以充分发挥，资源本土化利用没有真正落到实处。教学中落实国际化程度不高，影响了专业课程国际化水平的整体提升，对建设世界一流水平的国际化专业，吸引更多优质生源来华学习非但未能形成优势，反而构成了障碍。

最后，参与国际标准开发制定不足。参与国际职业教育标准制定是我国高等职业教育提升国际影响力的重要途径。当前，职业院校对国际职业教育标准体系的研究认知不够深入，对研究学术兴趣不高，参与国际标准开发制定工作的主动性不强，在对国际专业教学标准的借鉴参考和本土化开发利用等方面较为欠缺，导致中国特色的高等职业教育标准体系建设推进力度不够。

三、国际化校企合作因素

职业院校的重要属性之一就是产教融合、校企合作。在"一带一路"建设推进过程中，越来越多的中国企业，尤其是制造类、建筑类企业参与到"一带一路"沿线国家和地区的基础设施项目中，诸如装备制造、新能源、高铁等，许多产业急需大量目的国家的技术技能人才。职业院校应了解我国"走出去"企业和沿线国家本土企业对人才的具体需求，校企深度合作，针对人才培养中存在的主要问题，解析问题要素，并有针对性地提出解决问题的措施，将解决问题的措施融入人才培养体系中，真正培养出企业所需要的国际化技术技能人才。

（一）校企缺乏合作沟通的平台

学校对"走出去"企业的需求调研不深入，企业对学校是否能提供人才、技术、管理等方面的支持了解不足。当前，职业院校"走出去"项目多采取与目的国院校合作的模式，大多数"走出去"的项目缺乏政府或企业的介入，项目质量难以保障，项目建设可持续性差。笔者依据《江苏省高等职业教育质量年度报告》中江苏职业院校境外办学的数据，采访了相关院校国际合作与交流处、国际教育学院等部门的负责人，被访谈对象均表示，当前职业院校缺少足够的具有相应国际视野和语言能力的师资团队与管理团队，也缺乏资金的有效投入和使用，且院校国际化发展与政府、企业联系还不够紧密。这些现象直接导致职业院校无法成为"政校企"跨境合作的桥梁，合作办学"走出去"无法形成人才培养的长效机制。其次，职业院校对"走出去"企业海外人才培养目标不明确，教学标准与职业标准、教学过程与生产过程无法统一，培养的学生达不到在"走出去"企业就业的标准和要求，人才就业匹配度差。

（二）国际化育人平台不足

国际化育人平台，尤其是瞄准世界产业发展前沿及国内产业结构转型升级的需要，校企共同推动专业建设与高端产业发展相适应的协同育人平台建设不足，校企无法实现资源共享、优势互补、协同发展。因此，校企国际化合作面临着成本分担、利益共享等问题，如缺失校企双方均能接受的利益调节机制，双方的合理诉求无法满足，将会影响合作的积极性甚至合作基础。如在缺乏利益调节机制的前提下，职业院校学生赴企业往往以参观考察等低层次学习为主，企业未给学生提供实际实习机会，难以培养出符合"一带一路"建设所需的技术技能人才。

2016—2018年，我国职业院校专业教师赴境外指导和开展培训时间超过10日的院校数分别为162所、353所和401所，境外培训量超过每日10人的院校数在全国院校总数中占比较小，分别为11.9%、25.4%和28.9%。究其原因，一方面是职业院校对"走出去"企业人才需求的针对性调研不足，还停留在国内产业发展状况和趋势上，培养的人才不符合"走出去"企业的要求。另一方面，"走出去"企业并未真正意识到或者未尝到职业院校培养的人才给企业发展带来的甜头。从院校参与度和服务水平角度而言，我国大部分职业院校服务"走出去"企业开展境外培训工作仍有较大提升空间。

四、国际化师资力量因素

教师作为国际化人才培养的主要引导者和参与者，是影响高等职业教育国际化的关键因素，是高等职业教育国际化人才培养的前提和保障条件。衡量职业院校师资构成的国际化水平主要有以下指标：在海外取得学历、学位的教师数量，具有1年以上海外留学经历的教师数量（不含在海外取得学历、学位教师数量），具有1年以上海外工作经历的教师数量，具有3个月到1年海外短期培训（访学）经历的教师数量，外籍教师比例（外籍教师占全校教师总数的比例）和外籍教师授课比例（外籍教师授课时数占全校课时数的比例）等，这些指标普遍较低。在国内教师双语教学率这个核心指标上，更是不容乐观。当前，职业院校国际化师资力量明显不足，表现在国际化师资引进机制不健全，教师外语水平欠缺、跨地域适应能力不足、跨文化沟通能力不够，教师基于国际化要求的专业探索能力和自我提升能力不强等方面，尤其是擅长使用小语种进行专业教学的教师更是凤毛麟角。从"外引"上看，主要存在以下问题。

（一）高端人才引进体制机制不够健全

职业院校境外高端人才引进体制机制不够健全，部分院校在境外高端人才的引进模式、招聘方式、激励机制、福利待遇、职业规划与岗位设置等方面谋划不足，一些职业院校甚至尚未正式出台境外人才引进相关政策与管理规定，人才引进体制机制不够健全，内涵建设严重不足，这些因素限制了境外高端人才的引进与培养步伐。

（二）职业院校对外籍教师吸引力不足

限于办学层次和软硬件等因素，职业院校对外籍专家和教师的吸引力十分有限。调研显示，大部分职业院校的外籍教师数量是个位数，比例很低，且主要在校开展语言教学和中外合作办学项目的基础课程教学，在其他专业领域发挥的作用相对较小，鲜有能够进行技术技能培训和指导的专家。

从"内培"来讲，存在的问题有以下几方面。

1. 职业院校与教师的国际化师资建设意识有待加强

部分职业院校未将国际化办学列入学校的长远规划中，尚未充分认识到教育国际化是高职教育发展的重要内容。受此影响，部分教师则安于现状，观念陈旧，缺乏国际化学术视野、国际交往能力与国际化教学能力，职业院校与教师的国际化师资建设意识有待加强。

2. 国际化师资培训体系尚未建立

部分职业院校未将双语教学、跨文化沟通交际等国际化能力纳入现有的师资培训体系。部分职业院校认为，聘请外国专家或优秀教师为国内教师开展短期性的培训和交流就等同于已进行了专职教师国际化教学能力的培训。有些职业院校由于用于国际化师资建设的资金不足，基本都实行严格的名额限制，只有极少数优秀骨干教师、校领导可以参加，能够派遣出国（境）进修学习的教师比较少。还有部分职业院校教师因为自身原因，难以达到出国（境）培训所要求的外语水平。教师缺乏对外沟通的机会，外语能力不强，在参与对外教学活动中缺乏自信，对学生的国际视野、沟通和适应能力的培养与国际化建设需求不相适应。学校缺乏对参与国际化办学的部门和人员的评价与激励机制，这在一定程度上也影响了其参与国际化建设的积极性和主动性。

3. 培训要求和预期成效不够清晰

部分职业院校在开展教师赴国（境）外培训时，存在培训要求和预期成效不够清晰，团组成员专业背景不够统一等问题，给承训单位在方案制订、授课安排、团组管理等方面造成实际困难，导致培训需求与预期成效不够贴合。如若未仔细遴选承训单位，会出现承训单位资质水平不够的情形，教师国（境）外培训质量更是难以保证。部分院校不重视总结培训成果，未在教学与管理实践中予以对比吸收，成果转化效率不高，培训成效亟待提升。

随着职业院校来华留学生规模的不断扩大，和学生朝夕相处、负责学生日常事务管理的来华留学生辅导员的队伍建设显得尤为重要。目前，部分院校已经逐步建立了针对来华留学生的专兼职辅导员队伍，但对于来华留学生辅导员职业能力标准建设仍缺乏顶层设计，导致来华留学生服务能力和服务水平长期得不到提升，来华留学教育的质量受到社会和公众的质疑，这在一定程度上也阻碍了来华留学生的热情。

第四章

职业教育国际化的国外实践路径借鉴

第一节 美国职业教育国际化发展的措施

美国自第二次世界大战以来,十分重视教育发展的国际性取向,尤其重视保障国家安全、国际经济竞争力及跨文化理解方面,因此其国际化进程是在与美国政治、经济、文化的互动中不断演进的发展过程,经历了从国家单一价值到个体多元价值的动态转变过程。而在美国社区学院进行一系列国际化举措和活动过程中,始终伴随着社区学院治理体系的推进改革。美国社区学院在院校治理尤其是内部治理方面有其独特且可借鉴之处。基于此,本书梳理了美国社区学院治理结构的形成与发展过程,力求探究其背后的权力结构和治理逻辑,以期为我国高职院校在国际化进程中,在处理国际化与治理能力现代化关系中提供些许参考和借鉴。

一、美国社区学院的治理框架

从外部的治理体制来看,美国社区学院分为大学管理的社区学院与州管理的社区学院两种形式。前者在组织结构上将社区学院纳入大学体系,社区学院在行政上由大学副校长或其他行政人员对其进行直接领导,因此社区学院校长对大学进行领导而不是董事会负责;后者实行的是通常意义上的董事会领导下的校长负责制,本书所研究分析的正是这类社区学院。

美国社区学院的治理结构分为外部治理结构和内部治理结构。外部治理主要是指美国联邦政府、州政府和社区之间的分立与制衡态势及关系。联邦政府通过立法的形式为社区学院提供引导与帮助,参与社区学院的治理;州政府主要是通过州教育委员会的组织机构即评议委员会(Boardof Regent)实现对社区学院的直接管理。因此,联邦政府对社区学院没有直接的管辖权，州政府则拥有绝对的管辖权。此外，还有一些社会组织也是社区学院外部治理结构中的一部分，如社区学院协会（Association of Community College）主要是对社区学院进行理论研究、专业资料收集和发布等；理事会协会（Governing Board of University and College）负责提供大学或学院理事会的发展政策、评价标准及相关培训工作；行业协会、认证协会则承担具体的咨询及评估、监督任务等。社区学院的内部治理则主要是对内部利益相关者的权力与关系进行规划、协调、制衡、管理的一种制度安排，主要是董事会、校长与各委员会机构间的权力分立与制衡态势及关系。董事会具有统筹、协调权，校长具有行政事务权，各委员机构则具有对事务的意见建议权。

二、美国社区学院治理结构的演变

（一）20 世纪初的初级学院

19 世纪末，迫于高中毕业生数量的增长所带来的升学压力，在美国芝加哥大学校长哈珀（Harper）的建议下，一些弱小的学院降级为"初级学院"，主要功能是为全州学生提供从高中到大学的入学准备。1901 年第一所社区学院乔利埃特初级学院（Joliet Junior College）创建，提供博雅人文课程，为学生进入大学前做准备，事实上就是提供大学前两年的课程。从这个意义上讲，初级学院更是作为划分本科学习前两年与后两年的一种工具。由于适应和满足了地区社会的需求，初级学院发展迅速，到 1940 年，已经有 456 所初级学院，学生人数已达到 149548 人。

在治理结构上，初级学院遵从的是州立大学建立起来的等级制州立系统。之所以选择遵从，除了因为完全是地方创新计划的产物而无可借鉴外，其本身规模、范围和资源的局限，也在客观上促成了初级学院不需要太复杂治理结构的事实，有的规模小的初级学院在内部结构上甚至只设立有院长和教育主任这两个岗位，不同的教育主任"独当一面"分别管理不同的教学内容。

这一时期初级学院的办学职能主要是为大学本科提供转学教育，办学经费主要由州政府提供资助。这样的办学职能决定了初级学院在四年制大学领导下的从属地位，办学经费的来源则决定了初级学院对政府的依赖和迎合，政府的行政权力对初级学院的主导作用十分突出，因此组织管理上呈现出了"预期从属或依附"的特征。初级学院被纳入州立大学建立起来的等级制州立系统，其治理结构单一，呈现出以行政权力且主要是以州政府占主导的行政管理模式，具有明显的科层管理和官僚管理体制特征，表现出明显的世俗化趋势。

(二) 从初级学院到社区学院过渡

20世纪三四十年代，初级学院开始大量设置职业领域课程，具有了双重的教育功能：既为学生接受大学教育做准备，也为学生就业做准备。进入20世纪50年代，公立初级学院日益增多。1950年，公立初级学院新生入学人数达到168043人，1960年达到393553人，1960—1970年，入学人数增长了5倍多，达到约210万人，1960年以来的每十年间，平均每周都要开办一所新的公立初级学院。在此期间，由于加州初级学院的增长速度尤为迅速，加州率先将"初级学院"改为"社区学院"，作为提供学士学位前两年课程的中转学校的使命也随之悄然发生了改变。其间，由于《退役军人权利法案》(the Service ment's Readjustment Act, 1944)的颁布实施，"二战"退伍军人入校人数大批量增加，迫于此大学不能及时吸纳所有的申请者，初级学院开始重新扮演中转者的角色。与此同时，学生人数的骤增使得师资力量短缺，初级学院开始从社区的工商业或其他行业聘请教师，由此掀开了社区学院与企业合作的序幕。然而随着办学目标的多样化和服务的广泛，初级学院的办学目标逐渐发生转变，1960年以后，初级学院转学学生占州立大学总入学人数的百分比已呈明显的下降趋势，大多数公立学院将转学角色与大范围的课程或项目结合起来，由此以社区为中心的"社区学院"逐渐取代"初级学院"。

教育规模的扩大必然要求院校管理的科学化。20世纪中叶，受美国大学治理影响，社区学院开始建立评议会，关于教师在院校中的决策地位讨论被提上日程。60年代，美国民权运动、和平运动风起云涌，机会均等观念盛行。学院和大学内部的民主化要求空前高涨，掀起了要求进一步扩大民主参与权利的呼声，学生通过校园运动要求提高自身在院校的地位，教师则通过成立委员会等形式要求进一步巩固其在学校的决策权，学者米力特（Millett, J.D.）称此时段为"院校治理的革新时期"。1967年，由美国大学和学院董事会协会（AmericanofGoverningBoardofUniversitiesandColleges）、美国大学教授协会（American Association of University Professors）和美国教育理事会（American Council on Education）共同完成的《大学和学院治理声明》(Statement on Government of Colleges and Universities) 发表，提出"共同治理"理念，指出让利益相关者参与院校事务决策，尤其是教师应参与院校管理。由于美国的教育制度和社区学院一直以来对大学治理的效仿，这时期社区学院也形成了基本的由董事会、校长、评议会"分立"的"共同"治理结构。

从"初级学院"到"社区学院"，其"学院"性质进一步确立，功能由转学角色向职业教育角色过渡，虽对四年制大学的依附性逐渐减弱，但在管理体制和治理结构上仍效仿大学，学术权力在院校中作为一种独立的力量被确立，形成了基本的治理结构框架。

(三) 社区学院的形成与发展

进入 20 世纪 70 年代，美国由"精英教育"向"大众教育"转型，第三次科技革命更改变了产业结构和生产方式，这种变化直接加速了社区学院功能性的调整，加上美国政府颁布《职业教育法》(the Vocation Education Act，1963) 并不断增加投入，社区学院从传统的高等教育学术等级中逐渐退出，开始重新定位。在此时期，社区学院完成了两个重要转型：办学定位上从学术型院校转为职业培训型院校，课程设置上则相应地从人文性课程转为职业性课程教育。由于办学定位的明确，社区学院更讲求实效，与企业联系更为紧密，更注重市场和社区的需求，特色更加凸显。

20 世纪 90 年代，美国院校的共同治理进入一个新的历史时期。1998 年，大学董事会协会发布《治理宣言》(Statement on Governance)，对《大学和学院治理声明》的弊端进行补充和改革：关于决策的责任分配更加细化，教师在其他非学术性事务中的决策权被弱化，利益相关者的决策范围被进一步扩大，社区领导、学生、资金提供者等均被纳入。因此，除了办学定位上的要求，受《治理宣言》影响，企业在社区学院治理中的作用被进一步强化和突出，企业人员在社区学院中的行政管理系统和监督系统都占据了重要的位置，逐渐形成了包含企业、行政管理人员、专职教师、兼职教师、学生等多方利益主体参与的共同治理模式。

21 世纪后，社区学院学生总人数达到 400 万人，占美国高校新生人数的一半多，从发展趋势看对社区学院的需求也将继续快速增长，院校治理也正逐步走向多中心治理的时代。由于理念和实践上的转变，如在财政来源上从依赖州政府到更偏向于依赖州政府和各种慈善捐款；在生源上从集中在当地到开始招收大量的国际生；在职能上从转学教育、普通教育转变为更重视转职业教育和培训教育等，社区学院的管理和制度运行也有了相应变化，最为核心的就是开始从利益相关者角度考虑院校治理，即除了在治理地位上给予相关利益者形式上的重视，更对治理结构提出了要求。社区学院与政府、社区，尤其是企业建立起了新的联盟关系、合作伙伴关系甚至是合资关系，不仅教师与学生的参与力量逐渐凸显，政府与社区、投资者的决策权也更为明显。社区学院的功能定位促使其成员为了共同的利益而进行更为复杂的内外部合作，因此"通过共同治理保持相互制衡的传统概念将不得不被更为微妙的合作概念所取代""各利益主体间的利益冲突更多表现为协调性或协作性博弈"。

这一时期的社区学院在功能上更专注于社区服务，除转学、职业教育、技术服务功能外，又新增了继续教育功能，从单一的职能定位开始向更综合、更多元的方面拓展，治理结构上形成了行政权力、学术权力和市场权力相对较均衡的模式，多元性与协作性特征比较明显。

三、美国社区学院治理结构要素与特征

（一）治理结构要素

1. 决策系统

董事会是社区学院最高的权力机构和决策机构。权力任命上，董事会由州政府任命或由社区选举产生，享有最高的行政权，但一般不设办公室，不拿工资，不与学校有经济利益关系。结构组成上，由校外多方主体构成，成员身份广泛，有商界人士、律师、医生、教师等，多是从本社区竞选产生，数量通常为5～10人，代表不同的利益群体，任期5～6年；另外也设有学生董事，通常任期1年。形式上，通过定期或临时性的董事会会议来决议重要事项。职责上，对外主要是负责处理与政府、社区、企业、校友间的联系，并负责向外寻求经费支持；对内则主要是对诸如人事任免、学校发展规划、经费筹措与拨付、绩效评价等重大或全局性事项拥有决策权。此外，企业在社区学院也占据主导地位，不仅有话语权，且有决策权，全程参与相关管理活动。

2. 执行系统

校长在学院内部拥有最高的行政权。董事会可能会面向全美甚至全球招聘遴选校长，因此校长受董事会领导，对董事会负责，在董事会赋予的权力下依法聘任副校长、组建管理团队、争取校外支持、服务社区等方面自主经营管理院校，管理事务在形式上主要通过校长会议来决议。随着学生人数的增多，校级管理机构也在不断扩大，有些院校还成立了许多办公机构来处理各方面的复杂事务及执行联邦和州的各种规定。如得克萨斯州的休斯敦社区学院（Houston Community College）拥有23个校区、6个学院、7万多名学生，校长及其执行团队创建了所谓"纵向垂直、横向无界"的管理模式，对各学院实行市场化拨款机制，按社会效益最大化原则配置资源进行管理运作。

3. 监督系统

社区学院的权力运行公开透明，董事会议事开放进行，允许任何人旁听；从校长到普通员工，职责、权利、义务均有明文规定；各委员会既是教职员工和管理层间的桥梁纽带，也是教职员工参与院校治理的平台，职责是就相关事务提出意见和建议，监督作用明

显；对于教学质量的监控，除了内部由行业、企业、科技、教育等人士组成的委员会的监督，他方认证评价制度也在客观上起到了制衡的监控作用。因此整体上，社区学院形成了政府依法管理、院校依法自主办学、社会各界依法广泛参与治理和监督的共同管理格局。

（二）治理结构特征

作为美国高等教育的重要组成部分，社区学院的治理结构也具有通常意义上的权力分立与制衡特征；除此之外，随着美国职业教育社会功能的不断演变，社区学院治理结构的发展也呈现出了一定的规律性，主要表现为治理主体的多元化、主体利益的均衡化和治理方式的扁平化。

1. 治理主体的多元化

"现代高等教育治理，从整体意义上讲是一种多源流的治理框架，即高等教育政治（政府）源流、市场（社会）源流、学术源流等治理主体多元化或多中心的治理模式。"显然，社区学院由于其办学定位和功能作用，是一种由多元主体构成的相对比较平衡的市场（社会）化源流的治理框架。在外部，联邦政府、州政府为社区学院构筑了一个虽多元却相对自主自治的环境；在内部，多主体共建、共管，决策的互动性、参与性、民主性及科学性得到充分展现。

2. 主体利益的均衡化

由于治理主体的多元，利益诉求各不相同，必然会对权力和制衡机制的平衡提出更高的要求。利益均衡正是处理各方冲突和矛盾的价值基础。除了美国职业教育法律的调整，社区学院内部形成的决策、执行和监督相互制约的治理结构以及严格的规章制度监管也为其提供了实践依托，对利益的先后顺序、上下位关系予以安排，使相关各方利益在共存和相容的基础上达到合理的优化状态。各主体利益在这种制衡结构下得到充分保护和均衡，院校活力得以激发，运行效率自然大为提高。

3. 治理方式的扁平化

虽然从组织结构形式来看，社区学院无论是共同治理现状还是协调治理趋势，均是一种分权化的治理模式，但从治理路径的本质来看，则依然是州政府或行业企业等外部力量主导的垂直性管理。从纵向的权力任命角度看，董事会各成员由州政府任命，校长由董事会任命，委员会由董事会下设，遵循的仍旧是自上而下的垂直性等级管理，上下级关系十分明显。有所不同的，它是一种更扁平化也更科学的组织模式。如安妮阿伦德尔社区学院（Anne Arundel Community College）的学生工作主要由学生事务管理中心承担，这一机构受主管学生工作的副校长领导,而具体的学生事务管理机构则分配在了教学单位层面,且在内部保持相对的独立性,责任明确,功能高度分化,因此整个学生管理体系呈线状却扁平化的模式运行。

四、美国职业教育发展的借鉴

通过回顾和梳理社区学院从19世纪末到21世纪治理结构形成发展的历史,可以清晰地看到社区学院由于功能转变带来的治理结构及利益主体间的关系变迁。它既是外部环境变化的客观呈现,更是学院内各利益相关主体运用权力及相互博弈后所呈现出的动态平衡格局,是一个在政府、社区、市场、学术甚至大学等多种力量间相互制衡、互助及协调中逐步形成的历史过程,其当下所呈现出的结构上的稳定性,既源于其自身定位的明晰,更是多种力量交互博弈的结果。治理结构主要解决的是"治理主体是谁"和"治理主体间是什么关系"两大问题。总体而言,对照我国高职院校的治理现状,构建现代化治理体系及科层制为主的治理方式等一些方向性问题与美国相差不大,而在具体的操作环节,如多元的治理主体如何从形式到实质的内容和功能转化,选择科层制的治理方式如何从过度垂直到扁平化变革以激活院校活力等问题上,则是我国高职院校治理需要花气力面对和解决的重点。

(一)治理主体

在"治理主体是谁"的问题上,治理结构随着职能的转变而变化,因此组织主体变革要与院校功能定位相适应。从"初级学院"到"社区学院",从转学教育到职业教育、培训教育、继续教育,再到各种功能比例的调适;从对四年制本科大学的学术依赖、地区政府的经费依附到自主办学定位的明晰、经费筹措渠道的多元;从效仿美国大学董事会领导下的校长负责制,到建立了包含多元主体在内的具有特色化的协作治理体系,美国社区学院的办学目标、办学定位、组织结构在遵循自身组织逻辑的基础上,与外部环境形成了相一致的稳定发展态势。由此可见,社区学院治理结构的选择是基于对自我定位和功能划分认识的价值认同基础上的,即一旦功能发生变化,其治理结构也随之发生迁移。

现代产业发展的不同阶段直接影响着高职教育的功能定位和治理结构发展。按照伯顿·克拉克对高等教育的治理观点,高等教育系统的协调模式有三种:国家协调、学术协调和市场协调,美国社区学院和我国高职院校均应属于典型的市场协调模式。在《国务院关于加快发展现代职业教育的决定》中,无论是"建立学校、行业、企业、社区等共同参与的学校理事会或董事会，制定校长任职资格标准，完善体现职业院校办学和管理特点的绩效考核内部分配机制"，还是"鼓励多元主体组建职业教育集团，开展多元投资主体依法共建职业教育集团的改革试点"，均在倡导现代治理方式，以使院校的办学、服务能力更符合和适应市场的需求，但整体而言我国高职院校的治理现状与此还有较大出入，或者说还未进入实质层面。因此，高职院校应在对自身功能定位认同的基础上，接受并主动选择政府尤其是行业企业介入的治理结构，搭建与外部力量如区域政府、行业企业的交流渠道，形成包括地方政府、社区、行业企业、社会组织、师生代表等组成的治理主体，并在内部建立与多元主体相一致的动态运行机制。当前，我国的社会大环境正从"以行政级别为标准的等级秩序向以市场竞争为特征的多元秩序转变，从共同体秩序向社会秩序转变，从单向的静态秩序向相互的动态秩序转变"，其深刻地影响了高职教育对市场的反应敏感度及行动转变，而这种敏感及转变则是源于高职院校是否建立了与外部市场环境相一致的治理主体及运行机制。

（二）治理主体间关系

在"治理主体间是什么关系"的问题上，利益相关者的关系随着所营造的环境转变而变化，因此扁平化的组织结构和刚性的规章制度应相结合。社区学院的职能随着社会历史环境尤其是社会经济发展的变迁而变化，学院内各权力间的关系也随之发生变化，有着不同的配置关系。社区学院从最初对州立大学科层管理体制的依附，到效仿大学初建均衡的共同治理结构，再到建立符合自身情况的多主体协调治理模式，治理结构不断调整，但所有的活动均是在法律规章和政策监管下开展的。法规和政策来源既有联邦政府、州政府颁布的法律，也有学院出台的政策和规章、各委员会颁布的规章等。各项活动均要遵守基本的规章，并受到严格的法律法规约束和监管。这种将所有活动限制在严格的法律法规和规章制度约束下的机制，既是对社区学院事务活动的规范和监督，也是对利益相关者基本权利的保护。

根据 MBA 智库百科的解释，利益平衡原则是"通过法律的权威协调各方面的冲突因素，使相关各方的利益在共存和相容的基础上达到合理的优化状态"。社区学院在处理治理主体间关系的问题上，即是通过法律、规章等对利益相关者的自主性和制约性予以明确，以使其达到较合理的配置状态，这样既能降低信息在上下传递中的失真，也给予了实践管理者更多的自主权。对我国高职院校来说，其一，一些院校由于定位模糊，在形式上长期追求的是分权化的治理路径，在内容上又过度倾向于色彩浓厚的行政化、上传下达、条块分割的治理方式，其结果是治理错位，组织形式僵化，在很大程度上制约了发展。其二,大多数院校普遍存在着各权力主体职权不清、边界不明、运行无序、制约不足、监督不够等问题,主要是由于对行政权力、政治权力等关注度较高,对纵向权力配置关注不够。其三,很多院校对制度管理的观念停留在纸上,尚不谈缺少太多的管理细节制定,单对已有的管理制度,也仅是"有",对于"有了之后怎么样"则少有跟踪和监督,客观上形成了权力过度集中却缺失权力约束的现状。因此,我国高职院校一应趋向于构建扁平化的组织结构,减少层级,增强组织间相互的交流沟通,确立整体观念和系统思维;二应完善制度,确立刚性、细致的规章制度,厘清各自的职责定位、权限边界,保障院校各项事务活动的规范。这既是对人员行为的约束,也是对个人权益的保护,有利于治理主体间在实质意义上和谐关系的形成。

第二节　德国职业教育国际化发展的措施

一、德国职业教育概况

(一)专科大学

与综合性、学术性大学相比,专科大学的突出特点是直接根据社会经济发展需要和经济结构设置专业,其目标是培养各种高级应用型技术人才,学生一毕业就成为各专业领域擅长于解决实际问题的工程师和企业家。多数专科大学采用宽口径、大专业模式,一个专业又分成若干个专业方向,突出实践应用性,强调实验室建设,强化企业实习,而且将研究与实践结合,如毕业论文选题直接针对企业需要,要在企业实习实验中完成才能获得硕士学位。自 20 世纪中期以后,德国专科大学蓬勃发展,毕业生深受企业欢迎。

(二)职业技术学院

职业技术学院采用双元制办学模式,提供专科、本科层次的应用技术教育,入学的条件为文理高中毕业生或同等学历者,而且必须与企业签订培训合同。职业技术学院办学与企业合作更紧密。有些甚至直接是以企业的名义办学,如柏林西门子职业技术学院由西门子公司与柏林高等专科学校合办。职业技术学院常通过企业项目对学生进行实训,毕业论文也以企业项目为研究课题，学生毕业时获得文凭（或学位）、技术职称，常直接被培训企业的项目所在部门录用。总言之，德国各级各类职业教育都具有明显的双元性特色，蕴含学校教育和企业实训相结合的模式。而且，职业教育中融入普通教育，提升了职业教育的人文内涵，避免了职业教育的片面性与机械性，使职业教育成为有血有肉的"人的教育"。

按照德国基本法，各级各类教育由各州文化教育部管理，而职业教育管理体制有别，由联邦政府"亲手抓"。但由于职业教育是校企合作事业，于是形成了州政府和联邦政府两级共同负责的职业教育管理机制，即州政府负责管理各级各类职业学校事宜，而联邦政府负责协调涉及企业的职业教育培训事务。值得注意的是，企业的广泛、深度参与恰恰是德国职业教育成功的关键。为鼓励企业从事职业教育，联邦政府制定了一系列优惠政策，如企业的职教开支计入生产成本、产品价格，为其减免税收等。

（三）德国"双元制"模式

"双元制"是德国职业教育的核心，是一种国家立法支持、校企合作共建的办学制度，被称为德国职业教育的秘密武器。"双元制"中的一元是指职业院校，主要职能是传授与职业有关的专业知识。另一元是企业，主要职能是让学生在企业里接受职业技能方面的专业培训。这种形式的学习被人们称为"双元制"。"双元制"具有极强的针对性和实用性，缩短了企业用人与学校育人之间的距离，企业能够主导整个实践教学过程，制订完善的培训规划，促进理论与实践相结合，强化技能培养，为学生提供充足的培训经费。"双元制"对培养高素质劳动者、生产高质量的产品、保持德国经济在国际上的竞争力都起了至关重要的作用。而"双元制"的推行，需要企业、学校的共同参与以及社会各方的有效推进，也需要对职业教育的态度和观念的转变。

二、德国职业教育国际化改革

在经济全球化进程中，德国政府充分意识到职业教育国际化对于提升国家教育质量、增强国际竞争力的重要作用，因此将职业教育国际化作为现代职业教育改革和发展的重要战略。在职业教育国际化进程中，德国政府采取多种措施，加快改革步伐，全面推进职业教育国际化，使德国职业教育国际化的内容和形式趋于丰富和完善。

（一）学位制的国际转换

德国的高等学校根据其任务和性质主要分为三种不同类型：一是综合性大学以及与其同等级的高等院校，二是高等专业学院，三是艺术学院与音乐学院。高等专业学院这类大学在1998年之后被称为"应用科学大学"，是德国职业教育机构的第二大类机构，专业设置面较窄，以培养高层次应用型人才为主。它所授予的学位水平低于综合性大学及同等级高等学院所颁发的学位，学习时间一般为4年，此类学院类似于我国职业教育学校。在博洛尼亚改革进程中，高等专业学院获得了开设本科专业和硕士专业（包括连续性硕士专业、非连续性硕士专业和继续教育性硕士专业三种形式）的资格。然而，由于高等专业学院没有从事博士教育的资格，毕业生要想读博士，需要去综合性大学或与其同等级的高等院校。

（二）课程的国际化接轨

在教育国际化的过程中，德国一直比较重视课程的国际化，从课程的概念、课程的设置、课程的实施、课程的管理以及课程的评价等多方面推进职业教育课程的国际化。在课程管理上，德国建立了国际通用的课程管理制度，采取与国际兼容的学士硕士学位体系、学分互换与积累制度、学位相互承认制度等。在课程实施上，德国的课程实施与国际接轨。为了保证职业教育质量，德国各高校参与了欧洲大学联盟的教育研究项目，把各自的课程朝着新型课程结构的方向进行调整。在课程设置上，德国资助本国高校实施"面向国际的课程"，这些课程分为学士、硕士两阶段，主要涉及经济学、科学和社会科学等领域。这些课程的特点是具有专业资格，教学上要求使用两种以上语言。第一学期使用英语上专业课，要求学生在国外学习一段时间，并且对国外学生提供特别的指导。

（三）语言的国际化推广

1. 提高英语应用能力，方便国际交流

德国从基础教育开始就重视英语教育，在中小学阶段，第一门外语通常是英语，小学三年级开始学习，中学阶段英语被作为必修课。德国基础教育阶段英语教育的成功得益于其准确的定位、高素质的师资、高质量的教材和有效的课堂教学。为了促进职业教育国际化，德国还采取了诸多措施提高学生英语应用能力，以方便德国职业教育与世界的交流融合。

2. 高度重视德语在世界上的地位

德国高度重视德语在世界中的地位，尤其是在欧盟机构中的地位。德国政府一直努力提升德语的语言教学和文化传播，期望将德语作为法语和英语之外的第三种工作语言。德国总理默克尔也指出，"移民德国首先应该学习德文，以便能在学校学习以及在职业市场上寻求机会"。根据新移民法，德国对外来移民提出了强制性的德语语言培训要求，培训费用由联邦政府承担。大多数申请到德国上大学的学生除了英语外必须通过德福考试，这样才能在德国高校正式注册上课。

三、德国职业教育教师专业发展模式借鉴

德国职业教育系统主要由两个部分构成，一个是由非全日制职业学校和企业共同组成的"双元制"职业教育系统，另一个是全日制职业学校系统，其中大约有2/3的青年在"双元制"职业教育体系下某个获得认可的行业中接受职业教育或者培训。职业学校理论课程教师主要负责教授专业理论（如金属加工技术、电子工程、医疗保健等）、一般性基础知识（德语、英语、数学、政治、物理等）以及与工作相关的知识；学校实践课教师主要在学校实训基地、学校工厂或演示车间等专门场地对学生基本技术和技能操作进行指导。"双元制"职业教育系统在企业部分还有专门的指导员从事工作全程训练和培训。企业培训指导员负责学徒的工作岗位培训，并对学生在企业实习的过程和安全负相应的责任。

（一）职业教育教师职前培养

德国职业教育教师是一种高等级服务类职业，与公务员具有相等的地位。早在1973年，为给职业教育师范教育制定一个全国统一的基础性最低标准，德国教育和文化事务部常务委员会为职业教育中各职业科目教师的教育和考核制定了一个全国性的框架，即《职业学校专业教师培养和考核国家规范框架》，1995年又对该框架进行了改革。德国各州教育文化部负责为学校培养教师，各联邦州的师范教育课程必须遵循这些结构性条件。

依据职业教育教师专业化培养框架，德国职业教育教师培养分两个阶段：第一阶段是8～10个学期的大学课程学习，累计学期周学时160个。参加师范教育课程的基本要求是具备高等教育入学资格，而且须具有至少1年与所学的职业学科相关的工作经历。学习内容包括职业领域中的职业科目、普通学科、侧重职业教育的教育科学（含必修的教育理论和心理学）、学校中的教学实践以及其他领域的选修课程，学习结束后参加第一次国家考试。第二阶段是实践性教学训练，以预备性服务形式开展，地点是公共师范学院和培

训学校，学习内容为教学实践（包括教学技巧、教学管理、教学诊断预评估等）、教育理论以及与专业相关的教学法，实践性教学训练结束后要参加第二次国家考试。通过第二次国家考试才具备职业教育教师的资格，但不保证一定可以获得教学职位。目前，德国主要的州都为教师培训提供学士学位课程和硕士学位课程，公立职业学校都要求职业教师最低具有硕士学位。

（二）职业教育教师继续教育

通过职业教师培养阶段获得任教资格者可凭资质、业绩申请空缺职位，由学校管理机构或教育文化部做出任命的决定。获得任命的申请者以公务员身份进入为期2年的试用期，试用期表现作为终身制公务员任命的参考。教师工作的核心任务是有目的地规划、组织、执行教学活动，以及对教学过程进行反思，包括教学、培养、诊断、评价和能力发展的子任务。除了完成核心任务外，教师还需要承担一些管理类的工作，一些教师还需要参与指导新教师。教师的资质、业绩作为教师任教职位晋升的依据，学校在做出晋升决定前，需要对教师的专业表现进行评估，如专业知识、教学记录、专业成果等方面。

根据德国教育委员会的要求，所有教师需具备专业能力与教学能力。各州教育文化部长联席会议对教师能力范畴进行了精确阐述，即除专业科目知识、专业教学法之外，还需要具备诊断、评价、合作、素质发展的"多元胜任力"。职业教育的重要问题是要把学习内容情境化到一个具体的职业领域，由于德国职业教育教师通常有较丰富的实践经验，他们在把学习内容情境化并形成模式方面具有明显的优势。为了适应不断变化的技术和社会对职业教育人才的需求，德国将职业教师入职后的培训纳入终生教育理念下的教师继续教育范畴，教师继续教育覆盖了教师的整个职业生涯，从职业教师任职初期直到职业生涯结束。教师继续教育内容包括教师的职业发展、竞争力保持、职业能力提高和扩展。由作为学校最高监管机构和教师雇主的各州文化教育部负责教师的在职培训，通过各州《教师培训法》和《学校法》，对培训机构、培训申请审批事宜等做出详细规定。职业学校系统和所在的州文化教育部有确保教师接受合适培训的义务，教师在职培训的目的在于保持和拓展教师的专业技能，在社会经济和技术不断变化发展的环境中，帮助教师熟悉技术发展和满足教学需求，完成学校的教育任务。

相比较德国职业学校教师的继续教育要求，对企业培训指导员的继续教育要求则没有明确的法律规定，由企业根据实际情况自行决定。小企业可用于继续教育培训的资源比较缺乏，尽管如此，德国仍然有大量的在企业内继续教育培训机会，帮助企业培训指导员提高素质。德国大企业常常根据员工发展的需要制定继续教育培训规划，培训由企业专属的培训部门或外部教育机构提供，小企业的培训指导员可以选择参加行业协会或专业团体组织的继续教育课程。

四、德国职业教育国际化发展对中国职业教育的启示

伴随着经济全球化的发展，德国职业教育教学已经将应用科技大学作为教育教学的主体，并且应用科技大学已经成了德国职业教育发展的重要指标之一，并将应用科技成功经验向各国乃至全世界推广，由此各国开始纷纷效仿德国的成功经验，我国的职业教育也从中获得许多启示。

（一）完善职业教育国际化的政策法规

职业教育的国际竞争使职业教育国际化逐渐成为职业教育改革和发展的必然趋势。职业教育国际化也成了世界各国发展职业教育的一项重要战略。各国政府制定了一系列政策和法规推动职业教育国际化的发展。因此，借鉴德国的职业教育国际化经验，一方面要完善职业教育国际化的立法工作，细化职业教育国际化的相关规定，将职业教育国际化的各个环节以法律的形式确定下来，使职业教育国际化有法可依，并使之规范化运作。另一方面要制定目标明确、重点突出的职业教育国际化政策以保障职业教育国际化具有连续性、稳定性，并增强其针对性和灵活性，以适应不断变化的职业教育国际市场，为中国职业教育国际化提供强有力的制度保障。

（二）第三方力量推动职业教育国际化

第三方是指政府组织和经济组织之外的以公共利益或团体利益为目标取向、以组织成员志愿参与为运作机制的正式的自治性组织的总称。虽然第三方部门不同于政府组织和工商企业，但又与政府组织关系密切。因此，第三方部门具有自己独有的特点。充分发挥第三方部门力量，利用其独有的优势，对于推动职业教育的国际交流与合作具有政府组织和企业不可替代的作用。和政府比较，第三方部门的民间组织身份更易于了解各国民众对职业教育的需求，减少职业教育国际交流与合作中的障碍，实现职业教育国际化战略目标。和企业比较，第三方部门的非营利性特征有利于维护各国为职业教育服务的利益。第三方部门强调的是社会责任感，而不是利润取向，容易使人产生信任感，能为受教育者提供长期、持续、公平的职业教育交流与合作服务。

（三）国际化战略推动职业教育国际化动态平衡

目前，我国职业教育国际化发展模式以"教育输入"模式为主。基于历史和经济基础的原因，职业教育长期处于世界的边缘地位，需要通过外来教育资源的输入来弥补国内教育资源的不足。一方面可以借用先进的教学经验，采取优化的赶超战略；另一方面可以借用先进国家技术，提高自身的国际竞争力。因此，这决定中国形成了以教育输入为主、依附西方教育的职业教育国际化模式。目前，中国职业教育国际化仍处于输入大于输出的阶段，不利于中国职业教育的长远发展。因此，应继续坚定不移地坚持开放的理念，借鉴国外经验，结合中国实际，制定系统、深入的职业教育国际化战略，创新职业教育模式，积极推进世界文化的相互尊重与理解，积极推进中国职业教育"走出去"，逐渐实现职业教育输入与输出的动态平衡，保障我国职业教育国际化的持续、稳定、健康与协调发展。

（四）双高院校建设提升职业教育的国际竞争力

2019年4月，教育部、财政部印发了《关于实施中国特色高水平高职学校和专业建设计划的意见》，"双高计划"正式启动实施。当年10月，首批197所拟建单位名单进入公示环节。这项"质量为先、以点带面，兼顾区域和产业布局，基础条件优良、改革成效突出、办学特色鲜明的高职学校和专业群率先发展，发挥示范引领作用"的职业教育发展计划，被视为落实"职教20条"的重要举措，被业界视为自"示范校"建设以来，国家新一轮职业教育改革发展的方向引领。"当地离不开、业内都认同、国际可交流"是中国特色高水平高职院校的基本要求。"双高计划"建设对高职院校国际化水平建设方面提出了明确指标要求。高职院校要想在竞争中脱颖而出、挤进国家"双高计划"建设、提高内涵、提升办学水平，就必须走国际化发展的道路，必须"走出去"。职业教育的国际化已经成了新时期高职院校创新发展的重点和新的增长点。

（五）质量保障体系推动职业教育国际化发展

职业教育国际化的深入发展推动职业教育质量观和人才观发生了很大的变化。职业教育质量问题引起了各国广泛关注，各国政府纷纷开始探讨职业教育质量保障体系的建设，希望通过提高本国职业教育质量，推动职业教育国际化的发展，提升本国的国际竞争力。中国政府也在探索职业教育质量保障体系方面做出了积极的努力。教育部在《教师教育振兴行动计划（2018—2020年）》中提出要实施"高等学校教学质量与教学改革工程"，健全高等学校教学质量保障体系，实行以五年为一周期的全国高等学校教学质量评估制度。然而，中国职业教育质量保证体系的建立时间较短，仍存在着不足。虽然德国建立职业教育质量保障体系的历史也不长，但是其通过建立以评估和认证为核心的质量保障体系推动职业教育国际化的经验仍值得我们借鉴。我国应促进职业教育质量保障法制化，只有在法制的保障下，职业教育质量保障体系才能实现持续、健康发展。通过立法对职业教育质量保障的组织与领导进行明确分工，才能确保职业教育质量保障体系的运作规范化和科学化，进而形成政府、社会、高校三位一体的质量保证体系。在政府层面，应从法律政策和机制上确保职业教育质量保障体系的建立。在高校层面，高校应在自身体系内主动建立和完善内部质量保障体系。而在社会层面要争取建成多个独立的、权威性的职业教育质量保障中介机构，使其作为政府和高校之间的协调器，确保质量保证的观念得到贯彻。中国要建立多元化的评估专家队伍。借鉴德国评估专家队伍结构，还应吸纳企业等其他系统和社会的代表，甚至可以吸纳学生为代表。目前，我国职业教育"走出去"的最大障碍是学历、文凭和学位的互认问题，因此，我们还应主动参与国际评估标准体系政策、标准和规则的研究与制定，改变被动接受教育输出国的"海外审核"局面。

第三节　英国职业教育国际化发展的措施

一、英国职业教育概况

英国不像德国存在相对独立的职业教育体系，其职业教育常常融合在普通教育之中，英国的中学、FE学院甚至大学都包括职业教育项目和课程，但其职业教育的路径还是较为清晰的。根据联合国教科文组织（United Nations Educational, Scientific and Cultural Organization, UNESCO）制定的"国际教育标准分类"（International Standard Classification of Education, ISCED），英国教育与培训体系中的职业教育与培训（Vocational Education and Training, VET）主要包括 ISCED 体系中的 2B、3B、5B 和 3C 四种类型。

（一）职业教育与培训体系

3C 表示高中最后两年学校本位的职业教育和学徒制职业教育，是为进入劳动力市场做准备的直接就业型；2B、3B 则是介于 A（2A、3A 是为升入高一级学校做准备的普通学科型）、C 两类之间的中间型。2B 表示高中最后两年部分学徒制学生进入中级学徒学习，处于 3B 类，再晋升可以进入高级学徒学习，即处于 5B 类别之中，完成义务教育的英国高中生除可以直接就业外，还可以选择继续接受学院本位的中、高级职业教育，即处于 3B、5B 类别之中。5B 的课程计划，实际上是一种"定向于某个特定职业的课程计划"，主要设计成获得某一特定职业或职业人群所需的实用技术和专门技能——对学习完全合格者通常授予其进入劳动力市场的有关资格证书；它比 5A 的课程更加定向于实际工作，并更能体现职业特殊性，而且不直接通向高等研究课程，其学程一般比 5A 短些，但也并不排斥较长的学程。通过深入分析可以发现，英国职业教育"五个对接"（即学历证书与职业资格证书对接，专业课程内容与职业标准对接，产业与职业岗位对接，教学过程与生产过程对接，职业教育与终身学习对接）的特征凸显。

在英国，没有与中国完全对应的严格意义上的专业。因为英国的职业教育与培训并非以机构为主线，而是以资格课程为主线开展的，所以在英国的语言体系中没有与"专业"对应的表达。以英国阿克林顿与罗森代尔学院（Accrington and Rossendale College）这一延续教育学院为例，该学院面向 16~18 岁的高中毕业生所开设的职业课程类别包括会计与金融、行政及商务、育儿、美容美发、健康与社会关怀、酒店及餐饮、管理、媒体与设计、电机工程、表演艺术、公共服务、体育与健身、教师培训与教育、旅行与旅游等。其中，电机工程专业设有高级汽车诊断与管理基础、汽车电器及移动电气原理等 13 门资格课程；教师培训与教育专业包括学校教与学的专业支持、学校教与学的支持两门资格课程；会计与金融专业包括 AAT 会计、AAT 电算化会计等 8 门资格课程。该例子说明了两个问题：一是该学院提供的职业教育课程类别基本上与行业部门的分类和行业技能委员会（Sector Skill Council，SSC）的名称保持了高度的一致性，这体现了专业与产业及职业岗位的高度融合性；二是一门课程就是一个级别的职业资格，这体现了学历证书与职业资格证书的一体性。同时，英国职业资格的开发主体是行业技能委员会以及行业技能团体（Sector Skill Bodies，SSB）。其中，行业技能委员会是由国家主持、雇主引领的组织，覆盖了全英各个产业部门；行业技能团体是雇主主导的组织。另外，行业技能委员会也负责开发国家职业标准，而国家职业标准是职业资格开发的重要依据，这又有力地说明了英国职业教育"专业课程内容与职业标准的有效对接性"。

（二）英国的 GNVQ 教育模式

GNVQ（General National Vocational Qualification）即国家通用职业资格教育，是一种

兼顾文化教育与职业教育的预科课程，分为初级、中级和高级三个等级，读完了高级可以再读大学。GNVQ 与传统按学科划分的学术导向的课程体系不同，主要按照社会工作或就业的分工领域的划分来组织，包括 14 门课程：艺术与设计、商业、建筑、工程、健康与社会护理、旅馆与餐饮、信息技术、土地与环境、闲暇与旅游、制造、媒体、表演艺术与娱乐、零售与配送和科学。GNVQ 注重开发学生多样化的实践潜能和主动参与精神，英国政府通过国家职业资格证书 GNVO 来积极地推行能力本位教育，更强调综合职业能力的培养。

整合职业教育与普通教育一直是英国职业教育改革与发展的重要目标，将对学生的生涯教育思想渗透于教育体系中，用 GNVQ 整合职业教育与普通教育，用职业教育与普通教育的等值体系来真正提升职业教育的地位。

二、英国职业教育国际化的成功经验

（一）高度重视职业教育国际化

国际化是现代大学的重要特征，这已成为英国政府和教育界的广泛共识。因此，英国政府采取积极措施推进高校国际化的进程。如大学评估指标采用了国际同行评议、学术人员的国际化程度、学生的国际化程度等体现国际化程度的指标。英国各大学更是把国际化作为自己学校的办学特色之一。如卡迪夫大学提出要开展全球性的教育合作，该校非常注意本国学生与外国学生生源结构的均衡以及不同国家、民族学生的广泛性和代表性，使在校的学生能得到更好的国际体验。曼彻斯特大学要求学生眼睛不仅要向本国看，而且要向外国看，提出要培养国际公民、国际学生。诺森比亚大学提出要在国际化的背景下摆正自己的位置，加强对学校师生员工在职业教育国际化有关知识方面的培训和教育。值得注意的是，中国作为职业教育最大的市场，对英国高校产生了巨大的吸引力，许多大学都设立了专门负责与中国交流与合作事宜的中国部。近几年，英国的几十所大学联合在北京、上海、杭州等地举办英国教育展，大大提高了其在中国的知名度。

（二）重视师资和教师的国际流动

英国的一流大学十分重视跨越国界聘用一流的领导人以及教师、吸引优秀的学生，重视跨越国界组织大规模的研究，重视培养具有国际意识和水平的人才。英国大学的科研质量评估，也是根据国际标准来判断研究成果所达到的水平从而进行评价排名的。同时，英国政府通过科研质量评估体系的评价来推动和保障相关学科达到国际先进水平，尽力发挥英国职业教育的优势，保持和增强其国家竞争力。为了增强大学科技产业对社会其他产业和世界经济的渗透力，英国几乎所有的著名大学都与其他国家对口高校签有校际科研合作协议。它们通过互换图书资料、互派学者讲学、共同开展课题研究、相互交换留学人员等多种方式进行有效合作，获得更多的国际思想，学习他国的先进经验，来促进自身的专业发展。

（三）大力开发国际性专业和课程

课程的国际化是职业教育国际化的基本要素之一，它标志着职业教育的国际化已发展到了实质性阶段。在全球化的时代背景下，高校所提供的课程和专业内容只有体现全球性和国际性，才能提供世界经济和科技市场所需要的服务，吸引更多的生源。20世纪后期，英国高校开设大量国际关系、异质文化比较等课程。英国高校国际化课程的数量和比重不仅增加迅速，而且成为实施课程内容和结构改革、提高院校教学质量、实现国际型人才培养目标的主要手段。主要增设了涉外专业，如国际政治、经济、金融、贸易、外交等方面的专业。在国际性课程开发中，英国大学还加大了外语教育的力度，以使学生掌握国际交流、国际对话、国际谈判、国际研究的有力工具。这些国际性专业和课程的开设，增加了对国际学生的吸引力，既使作为整体的大学能拥有源源不断的生源，又使作为个体的大学提高竞争力，这充分体现了国际市场机制对教学内容改革的促进作用。

三、英国职业教育教师专业发展模式借鉴

由于英国继续教育有全日制、半工半读、业余、夜校、周末及"三明治"等多种学习形式，教学内容跨度广泛，除了文化补习类课程，还有相当数量和层次的职业技术知识和技能的培训，继续教育学院的教师既包括继续教育学院的教师，也包括高等教育中从事继续教育的教师，还包括从事工作场地教学的教师、在社区帮助学生学习和发展的教师、劳教指导员和志愿者在内的所有教师。英国新教师分类是在原有的教师、辅导教师、培训师分类基础上，以全职教师、助理教师、其他教师三个不同的名称加以区分的。三类教师都负有引导学生学习的责任，其中全职教师对教学的各个环节负责，助理教师仅对其中部分工作和环节承担部分责任，其他教师主要是提供辅助教学支持（教学以外的评估、认证和管理等工作）。

（一）职业教育教师专业标准与资格

在很长一段时期，在职业的或技术的专门知识和经验足以胜任技术学院中的教学这种观念的影响下，政府对职业教育采取了放任管理政策，使得职业教育教师专业化发展（如教师资格、培训等）没有系统化的规定。随着技术学院日趋多元化，新的和多样化的发展使教师缺乏清晰的职业身份认同，各自专业领域的教师职业实践都是孤立的，阻碍着职业教育教师形成统一的职业价值观和标准。1992 年，英国《继续教育与高等教育法案》出台，继续教育学院脱离当地政府的管理，以公司形式组建，并接受主要来自继续教育基金委员会的资助，使得继续教育学院不再受地方政府的控制，这为继续教育学院提供了更大的自主权，反而促使职业教育教师培养的不规范化。直到 20 世纪 90 年代中期，英国政府始终未对继续教育教师培训制订统一的规划，也未对继续教育教师资格和标准有任何法令性规定。1999 年英国继续教育国家培训组织颁布《继续教育部门教学和学习支持国家标准（英格兰和威尔士地区）》前，继续教育教师的培养多为地方教育当局、学院和大学自发性的决定。

随着监管力度的进一步加大，英国终身学习委员会在 2008 年开始要求开展继续教育新教师培训项目的所有高等教育机构必须经过英国标准审查委员会（终身学习委员会的下属部门）的认证和年度督查，并要求所有初始教师培训的教学与评价要遵照最新颁发的标准和评价规定。2011 年，终身学习委员会和标准审查委员会被学习和技能提升服务部门（LSIS）和学习研究所代替并负责相应事务。1999 年至 2011 年，英国政府采取了一系列措施以促进职业教育教师专业发展，教师的认证管理制度逐渐完善，但是，人们发现随着"合格教师"数量的提升，教师质量却并没有发生真正意义上的显著改进。

2012 年至今，随着《劳德·菲林德关于继续教育部门专业化发展的独立评论》的发布，职业教育教师在学习研究所进行"合格教师的学习和技能"认证的强制性规定被废止，职业教育教师必须具备教师资格的雇佣要求也在 2013 年被废止，职教教师资格不再是必须的，雇主可自行决定教师的任职资格和教师的专业发展路径。同时，英国学习和技能提升服务部门于 2013 年颁布了新的《继续教育与技能部门的教学与培训资格》（Teaching and Training Qualifications for the Further Education and Skills Sector in England），简化了 2007 年版的教师资格，根据资格学分框架的水平等级结构，将职业教育教师资格证书大致分为认证、证书、文凭、高级文凭、专门文凭 5 种。随着学习和技能提升服务部门以及学习研究所的撤销，教育与培训基金会（ETF）替代了其行使相关职能，并于 2014 年颁布了《教育与培训部门的教师专业标准》（Professional Standards for Teachers and Trainers in Education and Training–England）。

近年来，尽管英国政府对职业教育教师的监管逐渐弱化，还权于雇主，但是通过此前的改革举措，大多数职业教育教师具备或正在准备获取相应的教师资格，且大多数具备本科及以上教育学历水平。政府在职业教育教师的专业化发展方式上超越了外在的由上至下的政策推行，转向为职业教育教师培养提供便利政策和发展空间，雇主和教师培养机构也由简单地执行国家标准和教师资格制度走向内在的更多关注教师理论教学、工作实践和团队合作精神的发展。

（二）职业教育教师职后培养课程体系

据英国教育培训基金会2015年公布的数据显示，在829家开设职业教育教师培养课程的机构中，开设认证课程的有795家，开设证书课程的有164家，开设文凭或高级文凭课程的机构有264家，可以看出职业教育教师教育与培训认证课程是开展最广泛的课程。从公布的数据可以看出，高等教育机构中开设认证课程的只占13%，开设证书课程的占38%，而95%的高等教育机构都开设文凭或高级文凭课程。从学习者在各类培养机构中的占比来看：61%的学习者在继续教育学院接受职教初始教师教育课程，其中有56%的认证课程学习者、80%的证书课程学习者、66%的文凭或高级文凭课程学习者，均远高于在其他机构中的人数，继续教育学院成为英国开设职业教育初始教师教育课程的主体。继续教育学院开设师资培养课程不仅可以培养内部师资，也可为当地的其他学院或私立培训机构提供师资培训服务。

大多数成人与社区学习机构主要提供认证课程，很少提供证书或文凭课程，这反映了在成人与社区学习机构中，为兼职教师提供入职的认证课程是非常普遍的。私立培训机构往往从获利的角度开展初始教师教育课程（除大型私立培训机构之外），重点不是培养自己的师资。

英国教育培训基金会2015年公布的数据显示，全日制、非全日制以及远程课程三类总和的81%，92%的认证课程是非全日制的，证书课程和文凭课程也主要是非全日制课程。继续教育部门中75%的文凭或高级文凭课程，以及高等教育机构中52%的教师教育课程均是在职教师教育课程，这反映了学习者在职参加培训的需求度。而混合和远程教育的形式则相对较少，有一些私立培训机构会提供在线培训课程，另外，还有一些大学也开设了面向在职教师的在线学习课程。

在课程内容设置方面，英国职教教师培养课程内容的安排和设置是根据职教教师资格证书的层级来设计的。由于英国的高等教育机构是唯一能对职教师资培养课程进行自我认证，并自行颁发职教教师资格证书的机构，因此，其职教师资培养课程设置具有一定的代表性。以英国伍尔弗汉普顿大学职教师资培养的教育证书与专业教育证书课程为例，其面向的是在继续教育机构中任教并希望通过学习获得证书的学员。

以伍尔弗汉普顿大学教育证书/专业教育证书课程模块为代表的英国高等教育机构职教师资培养课程体系呈现螺旋式结构设计特征。无论是教育证书、专业教育证书课程，还是研究生教育证书课程，都注重将职教师资培养中普遍的、基本的概念和原理作为课程的中心，对应不同的资格水平编排连续性的课程模块，同时能使该课程的知识结构与学员的认知水平相统一，重视知识和能力的螺旋式形成过程。主要体现在两个方面：一是学员的专业教学能力，两种证书课程都从专业教学技能和知识、专业教学问题、专业教学资源等方面设计进阶性的课程模块，注重学员专业领域教学能力的螺旋式发展，重视了职业和教育专业教学知识（Vocational Pedagogical Content Knowledge，VPCK）的培养。而这种模块设计也体现了英国职教教师培养课程不分专业的特点，即所有专业（除了专门文凭课程，即英语外其他语种者的英语、数学、特殊教育教学方面）在同一个水平层级的课程模块设置都是一样的，只是在课程设置上设计了"专业发展"模块，目的是培养各个专业领域教师的VPCK和专业教学能力。二是学员的反思性教学能力，反思性实践贯穿于证书课程的各模块中，是职教师资培养的核心，通过设置进阶性课程模块，学员的反思性教学能力得到逐步发展。

四、英国职业教育国际化发展对中国职业教育的启示

随着全球化趋势的发展，各国职业教育都将融入国际化体系之中，而且竞争将日趋激烈。更新陈旧、传统的思想观念，是加快职业教育国际化发展的前提。借鉴英国职业教育国际化发展的经验，我国应做到以下几个方面：

（一）打造优势突出的国际教育品牌

中国职业教育品牌的海外形象不够鲜明系统，应当充分认识中国职业教育在国际市场的优势与不足，加大海外宣传推广力度，凸显中国职业教育的优势，塑造中国特色的职业教育品牌，通过整合"双高"院校联盟提升中国职业教育品牌知名度。相比于英国罗素大学集团等国际知名高校联盟，中国当前的高校联盟如"C9联盟""卓越大学联盟"对国内顶尖大学的覆盖面以及合作深度还有较大提升的空间。英国罗素大学集团24所院校占

英国职业教育机构的10%，每年获得全英高校65%以上的经费和资金。相较之下，中国高职院校数量众多，应该整合顶部资源，进一步做好高职院校联盟品牌与国家层面的政策协调，在国际上塑造中国教育品牌。我们应该借鉴英国在这方面的成功经验，努力提升职业教育的质量与水平，创造具有国际竞争力的教育品牌。我们倡导职业教育国际化，其核心是人才培养质量、学术水准和管理水准的国际化。为此，要以能力为本位，加强教师队伍建设；以国际化为标准，优化课程设置；以创新为核心，改进教学方法。

（二）开展职业教育的国际交流与合作

职业教育领域的国际交流与合作主要有两个方面：一方面是实施"走出去"战略，继续扩大向国外派遣留学生、研修生、进修生以及访问学者的规模，更好地利用国际的优质教育资源，为我国培养大批高素质、具有国际视野和懂得国际合作模式方法的外向型人才。值得注意的是，与发达国家相比，中国目前的经济发展水平还较低，加上科研条件、用人机制、生活待遇等方面还存在许多问题，导致人才外流的现象较为严重。因此，国家应该制定更为合理的人才政策，更加有效地吸引和鼓励海外留学人员回国创业。另一方面是要"请进来"，扩大接受国外留学生的数量。借助中国驻外使馆大力宣传本国的职业教育，举办海外教育展，扩大中国职业教育在海外的知名度。尤其是要充分利用我国的区位优势，拓展东南亚及周边国家的生源市场。

（三）正确处理职业教育国际化与本土化的关系

在当今世界职业教育国际化进程中，发达国家的知识、技术和观念占据了主流地位，发展中国家在利用这些知识和观念培养新一代社会成员时，很容易使本国成员对其他国文化产生认同而对本民族文化逐渐疏远，最终造成本国民族性的丧失，这将是一种无法估量的损失。应该认识到，推进职业教育国际化的目的并不是实现全盘西化，也不能盲目模仿和照搬，不能使本国职业教育成为其他国家教育的翻版甚至附庸。高等学校作为民族文化的重要载体，承载着传承民族的诸多传统，担负着向学习者输入特定的价值观念、思维方式和民族精神的重任。我们研究职业教育国际化，目的是吸收世界职业教育领域的成功做法和经验，坚持走国际化与本土化有机结合的道路，不断完善与本国国情相适应的现代职业教育制度，只有这样，才能使我国职业教育在世界职业教育舞台上占据独特而重要的地位。

第四节　澳大利亚职业教育国际化发展的措施

一、澳大利亚职业教育概况

澳大利亚拥有一个相对独立的职业教育与培训（Vocational Education and Training，VET）体系。根据联合国教科文组织（United Nations Educational，Scientific and Cultural Organization，UNESCO）制定的"国际教育标准分类"（International Standard Classification of Education，ISCED），澳大利亚教育与培训体系中的职业教育与培训主要包括 ISCED 体系中的 2C、3C、4B、5B 和 5A 五种类型。

（一）职业教育与培训体系

2C 和 3C 是指澳大利亚初中或高中（包括高级中学）学生通过学习本国认可的资格课程，获取一级、二级、三级 AQF（Australian Qualifications Framework，澳大利亚资格框架）资格证书，属于为进入劳动力市场作准备的直接就业型（其课程计划规定了对技能型人才的各项要求）；4B 和 5B 是指完成澳大利亚义务教育后的学生，在 TAF 学院和其他同类注册培训机构（Registered Training Organization，RTO）开展国家认可的资格课程学习，获取四、五级 AQF 资格证书。4B 的学习目的不在于升学，而是为较高层次的就业做准备。5B 的课程计划，实际上是一种"定向于某个特定职业"的课程计划，5B 比 5A 的课程更加定向于实际工作，并更加体现职业特殊性，而且不直接通向高等研究课程。

澳大利亚职业教育与培训体系享誉世界，主要在于其拥有一套系统、科学且严谨的国家培训框架（NTF）。该框架由国家认可的培训包（trainingpackage）、澳大利亚统一的资格框架（AQF）和国家 VET 质量体系三部分组成。该框架为澳大利亚职业教育与培训体系满足产业发展需要、提供高质量培训、确保所用即所学提供了有力的保障。澳大利亚完善的全国性职业教育与培训体系为学生提供统一完整的教育培训，不但为他们进一步接受职业教育打下坚实基础，而且使他们能学以致用，顺利步入职场，深受雇主的青睐。澳大利亚职业教育与培训体系在这方面的优势已获得世界经济合作与发展组织、联合国教科文组织以及国际劳工组织的高度认可，由行业主导的澳大利亚职业教育与培训体系已成为全世界效仿的标杆和典范。通过深入分析可以发现，澳大利亚职业教育与培训"五个对接"（即学历证书与职业资格证书对接、专业课程内容与职业标准对接、专业和产业与职业岗位对接、教学过程与生产过程对接、职业教育与终身学习对接）的特征较为显著。

（二）职业资格课程

澳大利亚所开展的职业教育是以职业资格课程为主线展开的，这与联合国教科文组织关于职业教育定义的本质精神是相吻合的。在澳大利亚的职业教育中，没有与中国完全对应的严格意义上的专业，事实上在澳大利亚的语言体系中没有与"专业"对应的表达，无论是第二级教育（包括初中、高中教育，校本位学徒制学习），还是第三级教育（高中后教育，学徒制学习），其所谓的职业教育与培训课程，其实是一种学习成果导向和能力本位的、相应级别的职业资格及其能力单元课程。以澳大利亚新南威尔士（NSW）为1112级（第6阶段）的中学提供的职业教育与培训为例，其就是以行业课程框架（Industry Curriculum Frameworks）作为VET的教学计划。该行业课程框架由NS学习委员会（the Board of Studies）开发，可为学生提供获取国家认可的职业教育与培训资格的机会，同时学生所获得的成就证明也可作为高中证书的一部分。具体以NSW高中第6阶段VET商务服务行业的课程框架为例，该框架共包括三种课程类型，每种课程类型均由若干能力单元构成，完成规定能力单元的学习后可获得相应的AQF资格证书。事实上，通过查询商务服务培训包及其商务二级证书（BSB20112）、商务三级证书（BSB30112）、商务管理三级证书（BSB30412）所包含的能力单元可以发现，三种课程类型所要求学习的能力单元都是出自各证书所包含的能力单元。由此说明所谓澳大利亚VET课程其实就是AQF证书课程，具体学习内容就是各证书中被认可的若干能力单元。这进一步说明了澳大利亚VET课程与AQF资格是高度融合的。

澳大利亚从1998年开始在全国范围内开发和推广各个行业的培训包，并将培训包作为澳大利亚职业教育课程开发的指导性文件。各层次的VET机构在课程设计时都必须以国家认定的培训包为依据，而培训包又由行业技能委员会（ISCS）根据所在行业的高技能人才需求而开发，培训包由能力单元（即职业能力标准）以及由能力单元组合而成的各类职业资格构成，这又有力地说明了在澳大利亚，职业教育"专业"及其课程内容与行业及其职业标准的有效对接。澳大利亚学徒制教育多样而灵活，既包含了学徒制，也包含实习，并且学徒制又分为全日制学徒制和半日制学徒制、校本位学徒制和企业本位学徒制。另外，澳大利亚还创设了"集团培训组织"（Group Training Organizations，GTO）的学徒招聘模式。目前，学徒制是澳大利亚VET体系中一个非常成功的组成部分。

二、澳大利亚职业教育国际化的成功经验

在经济全球化的影响下，澳大利亚政府充分认识到职业教育国际化对提升国家职业教育质量、促进国家经济发展、增强国家影响力和提高国际竞争力的重要作用，因此将职业教育国际化作为国家重要的发展战略。采取多种措施全面推进职业教育国际化，促使澳大利亚高等职业教育国际化的内容与形式不断丰富完善，使其达到世界一流水平。

（一）办学理念国际化

办学理念是一所学校发展的灵魂，澳大利亚职业教育在1974年正式建立，短短40多年就实现自身跨越式发展离不开国际化办学理念的支撑。澳大利亚职业教育在创立伊始就秉承着着眼于世界的办学理念，并在这一理念的指导下对学校进行国际化定位。这一时期澳大利亚的职业教育就已经开始进行国际留学教育，为国际职业教育发展树立了良好榜样。为了更好地进入国际市场，澳大利亚联合行业、企业对职业教育体系进行改革。在课程、教学、师资等方面逐步建立标准体系，打造国际化品牌。2000年，澳大利亚颁布了《海外学生教育服务法》，使其成了世界上首个为海外留学生教育立法的国家。2014年，澳大利亚政府制定"新科伦坡计划"（New Colombo Plan），鼓励澳大利亚和其他地区的学生双向流动。2016年，澳大利亚制定了一项十年计划，即《国家教育战略2025》，其中一个计划就是把澳大利亚发展成为全球职业教育领域的领导者，加强了澳大利亚教育体系的国际公认度，推动了与当地社区和国际合作伙伴关系的建立。因此，若想达到世界区域职业教育国际化理论与世界一流水平，并与知名学校平起平坐的目标，就必须着眼于世界。

（二）课程国际化

课程国际化是职业教育国际化不可或缺的一部分，主要包括开设外语课程、国际区域研究等国际课程以及课程实施、管理标准化的过程。澳大利亚职业教育课程国际化是将语言要素、文化要素和国际要素整合进行教学，既着眼于本国学生又服务于国际学生的系统工程。

用国际维度和跨文化视角来对澳大利亚职业教育课程国际化进行探索实践，这也是澳大利亚职业教育国际化取得成功的关键。2000年，澳大利亚提出"全球化课程"（world class education）概念，指出"全球化课程"不是一门具体课程，而是一种教育和课程的新理念，强调的是课程的全球观。进入21世纪，澳大利亚十分注重语言课程的开设。在强调英语学习的同时推动澳大利亚学校学生学习亚洲语言，其目的不仅仅是吸引更多的亚

洲留学生或是培养本国具有国际竞争力的技能人才,更是澳大利亚教育部为留学生带来的福利。在课程观念的引导下,澳大利亚职业教育国际化课程在构建和选择方面,主要表现为在现有或传统职业教育课程中增添国际性文化内容、开设多种形式的国际性新课程两方面。对于本国学生,所开设的国际化课程主要涉及外国语言、文化、历史等知识,对于国家外交重点地区,澳大利亚甚至专门设置了研究课程,比如亚洲研究等,以提高本国学生的文化修养和跨国交流、就业能力。因此,留学生的课程主要集中在各种语言课程、技术知识文凭和证书课程以及学位课程,比如博士山 TAFE 学院提供广泛的课程和服务,以支持学生进行国际学习。

(三)学生国际化

澳大利亚自身独特的国际化优势满足了亚洲地区日益增长的接受优质教育的需求,吸引了众多学生赴澳留学。据统计,2017 年,澳大利亚海外留学生人数为 418738 人,比 2003 年增加了 254646 人。从 2017 年在地区来源分布上可以看出,澳大利亚的留学生主要来源地仍为亚太地区,中国留学生人数达 35983 人,占留学生总数的近 30%。其次是印度、韩国、泰国等亚洲地区。值得注意的是,澳大利亚职业教育对美国、英国两个西方职业教育发达的国家仍存在一定吸引力,美国、英国赴澳大利亚的职业教育留学生有近 300 人。在专业课程选择方面,2017 年统计显示,超过一半的学生选择工商管理和工程技术专业,大约 8% 的学生选择较低层次的混合领域课程(侧重于读写算)。学生参与海外学习的方案已成为澳大利亚职业教育国际化战略中的一个关键组成部分。

(四)教师国际化

教师是课程实施的重要主体,是制约教育发展的重要因素,在职业教育国际化发展中起着举足轻重的作用。澳大利亚十分重视师资的国际化,一是师资来源国际化,二是师资培养管理国际化。澳大利亚是一个移民国家,其教师移民历史更是源远流长,澳大利亚始终以一种开放、欢迎的态度面对国际教师,这为澳大利亚吸引国际教师奠定了良好基础。近年来,随着与亚太地区合作增多,职业教育师资队伍也增添了许多来自亚洲和非洲国家的教师,再加上澳大利亚世界一流的职业教育品牌,吸引了越来越多的全球优秀职业教育教师前往澳大利亚工作和生活。单一的海外教师招聘虽然在一定程度上填补了澳大利亚职业教育国际化教师的缺口,但海外教师通常具有一定的流动性,此办法治标不治本。因此,澳大利亚积极实施国际化战略,招收大量企业兼职教师,充分利用海外留学生资源,允许学生归国以后从事国际教育，这在一定程度上满足了澳大利亚职业教育国际化师资需求。同时，澳大利亚政府也十分鼓励并支持教师在职进修，鼓励澳大利亚职业教育教师进行学历学位培训、教育能力培训、信息化教学技能培训和企业实践等多种培训，提升教师专业能力和教学水平。同时注重对教师教育教学的评估，评估内容主要包括教师专业知识水平、工作能力、国际视野、教学技巧、教学效果等方面。澳大利亚重视师资从职前培养、在职培训到教学质量考核评估的过程，而国际化的师资培养与管理不断助推着澳大利亚职业教育国际化的发展。

（五）国际合作交流

澳大利亚积极与中国、马来西亚、新加坡等国家和地区的学校开展职业教育国际合作办学，澳大利亚与输入国共同签订合作协议，实现学分互换，规定修完所需课程并通过考核之后便可获得"双证"。双方就一些国际热门专业开展合作项目，共同制订课程内容和教学计划，专业课采用英文教材，由双方教师共同授课。设立海外分校是澳大利亚职业教育国际化输出的另一种重要途径。21世纪初，澳大利亚与亚太地区往来密切。近年来，澳大利亚职业教育国际市场拓展到阿联酋国家地区并在科威特等地建立了部分海外分校。海外分校一般都获得所在国职业教育部的机构认证，与许多本地大学签订了从属协议，允许毕业生继续攻读学士学位，并获得澳大利亚本部学校颁发的国际认可文凭（AQF）。如果符合计划要求，他们还将有机会在澳大利亚本部学校继续深造。比如博士山TAFE学院2007年在科威特建立博士山学院科威特分校，现已发展成科威特领先的教育机构，作为科威特唯一的私立职业教育机构，该校致力于为学生创造一个高质量的学习环境，提供获得必要知识和技能的机会。目前该校提供管理、市场营销、银行服务管理、平面设计、室内设计和装饰以及网站开发6个文凭课程，在使科威特女性获得技能并成为专业人员以及为科威特经济发展服务等方面发挥着关键作用。

三、澳大利亚职业教育国际化发展对中国职业教育的启示

（一）"引进来"与"走出去"相结合

从澳大利亚职业教育国际化发展的历程和内容来看，其国际化是"引进来"与"走出去"并行的双向交流活动过程。在"引进来"方面，20世纪70年代之前，澳大利亚职业教育以学习英国传统学徒制为主，各种培训机构和技工学校以不同方式建立，以满足个人

和社会发展需要。20世纪八九十年代受美国"能力本位"思想影响，加上积极派遣专家、教师前去德国进行"双元制"模式的学习，之后确立了以能力为导向、行业参与、课程培训包等职业教育体系，造就了澳大利亚职业教育快速发展的黄金期。在"走出去"方面，澳大利亚通过远程教育、合作办学、教育援助等形式，输出专业标准与课程体系；积极参与职业教育国际标准与规则的研究制定，输出本国职业教育品牌；积极派遣 TAFE 学院老师、学生进行国际合作交流，将澳大利亚高等职业教育传播到世界各地。

（二）"国际化"与"本土化"相结合

在经济全球化背景下，澳大利亚充分认识到职业教育国际化是发展的必然趋势，积极进行职业教育改革。在借鉴国外先进教育理念的基础上，树立了国际化的人才培养理念，把国际化、跨文化、全球化的理念融入高职院校的教学、研究和服务之中。在推进职业学校国际化过程中通过改革课程、规范资格证书体系等形式与国际接轨；在学生、教师方面广纳海外人才，积极参与国际交流与合作，回应全球化对澳大利亚高等职业教育带来的挑战与机遇。其本土化一方面是指澳大利亚的职业教育在学习其他国家先进经验时，有意识地注重教育的本土化或自身民族性，与其建立了与澳大利亚文化相适应的具有本土特色的职业教育系统。另一方面，本土化是指澳大利亚注重在"本土化"的视角下"走出去"。澳大利亚在国际化发展中有着准确的市场定位，前 10 位的贸易伙伴中有 8 个是亚太国家，其中 6 个是东亚国家。在合作交流前澳大利亚会主动学习与之合作国家各具特色的文化传统、法律制度等来促进教育思想、经验与资源的相互交流与选择，以便准确把握各个国家的合作需求，并对合作院校基本的教学条件、专业需求、标准要求、学校特色与优势进行考察，寻找合作契合点，并针对不同国家、不同院校制定不同的职业教育合作与标准输出战略。

（三）注重自身品牌影响力建设

话语权本身就是权力关系的代表，职业教育的话语权是指一个国家在国际职业教育市场中现实影响力的表现。国际话语权容易对其他国家的选择倾向产生影响，从而在国际化中发挥出更大的作用，占据优势地位，主要体现在国际合作交往深度和广度、对海外学生和人才的吸引力、培养人才国际竞争力等方面。

首先，在话语体系构建上，澳大利亚注重提升自身优势。澳大利亚善于把职业教育实现价值的基点放在学生技术技能的培养和更高层次教育机会的获得上，在课程、师资、教学、国际通用的职业教育资格证书、教育体制的立交桥设计等核心要素上进行改革，以达到国际一流水平。比如在课程上，推出留学生需求量大的热门课程，建立多维度的奖学金激励制度。同时，建立自身特色优势的职教模式。如政策上允许澳大利亚国际生在不耽误课程学习的前提下可以半工半读；与移民政策结合，制定吸引高素质毕业生的移民评分制度，学生毕业后可以申请永久居留权。这些职业教育国际化市场中的稀缺资源成为澳大利亚职业教育国际化竞争中的比较优势，形成了澳大利亚职业教育的特色品牌。

其次，澳大利亚善于借助国际合作交流，通过参加国际项目等方式加强与其他国家的对话交流，组建国际职业教育发展智库。通过合作办学、远程教育和海外办学等形式，建立不同层次、不同领域的对话机制。积极参与国际组织与多边论坛，如联合国教科文组织、东南亚职业教育协会、教育部长会议等，与他国教育组织建立密切关系，准确把握职业教育合作需求与发展动态，"借船出海"，从而进一步推广本国职业教育理念。

（四）多元协同"走出去"

澳大利亚职业教育国际化是一个多元主体共同参与的协同体系，政府、学校、行业企业、国际合作对象分别扮演着不同的角色，承担着不同的责任。在组织机构方面，澳大利亚设立了国际教育开发署、国际教育基金会等专门机构，以调查国际教育市场，协调和推动职业教育国际化项目顺利开展。TAFE 学院积极参与到国际化中去，开展语言学习项目，派遣学生到海外学习，并吸引海外学生来澳洲学习，制定学校的国际化战略目标。比如博士山 TAFE 学院为学生提供长期与短期海外交流、海外实习、参与国际项目等多种形式的国际化交流。在教育部的协调下，澳大利亚政府联合企业、行业形成教育服务出口产业的协作机制，共同推动职业教育国际化发展。澳大利亚有很多教育服务公司，致力于将职业教育产品推向世界，并根据客户需求进行个性化学习方案的定制。同时，澳大利亚的职业教育国际化伴随着企业"走出去"。澳大利亚职业教育积极开展跨国技能培训，与企业开展海外合作办学项目，深化产教融合，服务本地企业海外经营。在与其他国家的职业教育国际合作交流方面，澳大利亚着眼于合作国家的职业教育实际，构建长期的合作与人才流动模式。澳大利亚与合作国相应组织机构定期开展会谈进行交流沟通，建立平等、信任、和谐的合作伙伴关系，彼此了解清楚双方差异，并在合作时制定清晰详细的实施细则，明确合作双方权责，签署受法律保护的合作协议。根据合作国课程计划、人才目标等实际需求和共同发展目标，签署合作备忘录。在合作的整个过程中，与合作方定期开展会议，沟通当前合作情况与问题，拓展高等职业教育国际化合作深度与广度。

（五）完善制度保障体系建设

在澳大利亚职业教育国际化发展过程中，各项制度体系建设对于各教育主体及利益相关者的行为及目标起到了引导和规范作用，是职业教育国际化的机制保障和有效驱动力。

首先，澳大利亚具有完善的教育国际化政策及法律体系。澳大利亚是一个法制化国家，实行国际化实践层面的具体措施，依托教育服务产业促进本国经济出口。如制定《培训保障法》《职业教育培训法》等，以增强法律及政策体系在职业教育国际化的质量体系、资金投入方面起到的保障、引领和规范作用。

其次，澳大利亚注重国际化的合作统筹体系建设，在教育部的统筹下，与澳大利亚政府贸易部、外交部、移民局、工业部等多部门合作，共同搭建了信息平台和资源保障体系。

最后，澳大利亚职业教育国际化十分重视海外学生社会服务保障体系建设。澳大利亚留学网站进行十分人性化细节设置，为全球市场的消费者和潜在消费者提供包括学分如何转换、英语语言要求、签证办理程序、课程选择指南、收费制度等有关海外留学的各方面信息，并在学校中设立学生服务机构，如海外学生保险、勤工俭学支持、就业咨询中心、生活服务中心等，以完善国际学生社会保障体系。

在文化适应方面，在课程内容中融入澳大利亚的社会文化内容，定期安排参观澳大利亚文化馆等课外活动，拓宽国际学生彼此交流学习的渠道，尊重彼此文化，促进多元文化融合，从而提升国际生的文化适应能力和满意度。澳大利亚职业教育国际化政策环境的搭建为我国高职院校推进教育国际化提供了很好的借鉴和经验。

首先，高职院校国际化的政策制定要体现在政府部门或组织机构的协同上，从国家层面到省市层面虽分工不同，但需上下协同推进。

其次，政策的制定需要考虑不同领域政策之间的衔接与补充。在制定职业教育国际化政策时，教育行政部门需要充分考虑政策的多样性与协同性。

最后，政策的实施需要不同政府部门间的协调协作。职业教育国际化的实施主体是高职院校，但政府部门的资金支持、政策支持也非常重要。

第五章
新时期职业教育国际化发展策略

第一节　新时期职业教育国际化认知策略

一、坚定职业教育国际化认知方向

引领职业教育服务国家是我国发展社会主义职业教育事业的重要指向。职业院校国际化发展应以习近平新时代中国特色社会主义思想为指导，以服务国家战略为根本，坚持社会主义办学方向，努力推动我国向教育强国、人才强国的目标迈进。

（一）职业教育国际化建设对外开放

2019年6月，习近平主席在二十国集团领导人第十四次峰会上发表重要讲话，宣布中国将进一步开放市场，努力实现高质量发展。进一步扩大对外开放，既是我国产业经济全面融入世界经济体系的客观需要，也是我国产业转型升级的内在要求。高等职业教育通过国际化发展助力我国对外开放，助力我国产业、企业"走出去"，是其作为一种类型教育的必然选择。职业院校通过国际化建设，积极参与国际竞争，在国际职业教育的大环境中引进、借鉴优质资源，实现我国职业教育资源稳步输出，提升我国职业教育的国际影响力和话语权，助力我国职业教育走在世界前列。

（二）职业教育国际化建设要服务"一带一路"倡议

"一带一路"倡议是构建人类命运共同体的伟大实践，是我国坚持对外开放基本国策的战略性举措。近年来，我国职业院校掀起国际化发展的热潮，在很大程度上得益于"一带一路"倡议带来的历史性机遇和大好形势。当前"一带一路"倡议正处在全面推进的关键时期，职业院校一是要顺应时代趋势，站在服务国家战略的高度，科学谋划学校在"一带一路"倡议中的责任与发展策略，助力国家对外经济发展建设；二是要把学校的国际化建设与国家"一带一路"倡议结合起来，既借力又助力，提升自身的国际化思维和能力，开阔视野，切实通过国际化进程提升对外开放的广度和深度，积极实现高等职业教育与国家建设的一体化发展。

二、提升职业教育国际化认识

（一）提高职业教育国际化战略自觉

中华人民共和国 70 年国际教育交流与合作的历史证明，包括职业教育在内的国际化事业发展始终与教育现代化和国家现代化同向同行，受到政治、经济、文化、学术等内部因素和国际格局、对外关系等外部环境影响，其中最根本的还是由一国综合国力和整体实力决定。习近平总书记关于教育对外开放的重要论述告诉我们：做好包括职业教育在内的国际化事业，有助于在互容互鉴互通中增强中国的综合实力，有利于整体提升我国人才培养的质量水平，有利于在提高我国各种软硬实力中壮大知华友华的国际力量。

（二）提高职业教育国际化战略自信

今天的中国已成为全球有影响力的国际教育中心之一，不但拥有世界最大规模的外语学习人口国，而且建成了世界上影响最大的语言推广机构；不但持续保持世界最大的留学生生源国地位，而且稳居亚洲最大留学目的国位置；不但成为引进世界优质教育资源开展合作办学最多的国家，而且成为积极探索境外办学、重点为"一带一路"沿线国家提供教育服务公共产品的最大发展中国家；不但在世界百年未有之大变局中始终保持战略定力，始终坚持打开国门搞建设，始终坚持教育对外开放毫不动摇的根本思想，加快和扩大教育对外开放，学习世界各国一切有益的文明成果，努力做强中国教育，对内努力构筑中华民族精神共同体、实现中华民族伟大复兴的中国梦，而且对外积极共建"一带一路"教育共同体，深化双边多边教育合作，参与和引导全球教育和人文治理变革，成为全球最大的成体系、成规模、官民并举、旗帜鲜明地加快教育有序开放、推动人文交流和文明互鉴、服务构建人类命运共同体的世界大国。这些都是加快扩大对外开放、做好新时代职业教育国际化的坚实基础和自信之源。

（三）提高职业教育国际化战略

职业教育国际化是职业院校的基本职能和使命，要在积极主动服务职业教育改革发展、国家教育现代化建设和"走出去"战略中，促进与教育教学、人才培养、社会服务、科学研究、文化传承与创新等职能深度融合。首先，做好职业教育国际化发展事业，是深化职业教育改革发展的必然之路，因为它与经济、社会发展最密切相关，是服务全面对外开放和"一带一路"建设、深化我国与世界融合发展的有力抓手，是贯彻"职教20条"的重要支柱，必将为职业教育大发展带来先进的理念、思想、模式、方法和优质的资源。其次，做好职业教育国际化发展事业，也是中国教育现代化的必然要求。实现职业教育现代化、做强中国教育是民族复兴的基础工程，在全方位对外开放新格局中开展中外人文交流、促进民心相通是建设"一带一路"倡议的基础，推进各国人民相知相亲、搭建民心相通桥梁是职业教育的职责使命。同样的道理，职业教育是整个国家教育体系的重要组成部分，职业教育的现代化既是国家教育现代化的重要内容，也是教育现代化的重要支撑。职业教育国际化要坚持以开放促改革促发展，提升国际合作与交流水平，成为教育现代化的有力支撑。再次，做好职业教育国际化，还是履行负责任大国担当角色的必然要求和重要手段。进入新时代，深度参与全球治理，打造中国职业教育品牌，走向世界教育舞台，对职业教育国际化提出了新地更高的要求。最后，做好职业教育国际化是服务国家重大战略、提高职业教育办学水平的重要举措，是推进各国人民相知相亲、搭建民心相通桥梁、助力人类命运共同体建设的重要支撑，是不断提升我国职业教育质量、服务职业教育现代化，拓展中外人文交流、建设教育强国和提升国家软实力的重要内容。

（四）完善职业教育国际化发展的政策

从宏观层面，相关政府部门需制定国际化战略规划，确定职业教育国际化未来几年的发展目标、方针和任务。国际化战略规划的制定要注意把握教育对外开放的原则：一是"加快"和"扩大"原则；二是"提质"和"增效"原则；三是"稳步"和"有序"原则。从宏观层面，逐步完善职业教育国际化相关的政策法规，规范和保障职业教育国际化相关工作，如规范国际化合作办学，防范风险，保障国际化发展的经费投入，并落实到位等。从微观层面，职业院校制订适合自己学校特色的国际化行动实施方案和细化的规章制度，如来华留学生管理制度、教师外派管理制度等确保各项工作的落实。另外，建立职业院校国际化发展的评价体系和质量评价指标，对国际化工作全过程进行监测预警，开展诊断性考核，才能保障国际化办学的质量。

三、避免职业教育国际化误区

职业院校的国际化步伐日益加快，既取得了一定的成果，也暴露出一些值得警惕和防范的误区，主要体现在"为国际化而国际化""朝秦暮楚的国际化"和"盲目输出的国际化"三个方面。

（一）避免为国际化而国际化

少数办学实力比较雄厚的职业院校基于其科学的规划和超前的国际化视野，及早布局、先行一步，通过深度合作、外派师生实习实训、聘请发达国家（地区）的专家前来指导等措施，大大拓宽了办学思路，在国际化进程中高歌猛进，取得了不俗成就。

然而，一些院校为满足本就脱离实际而制订的指标或追求国际化带来的名和利，错误地将国际化视为一种经营方式，背离了国际化的初衷。只要一项指标被强化，职业院校则不论自身条件是否具备、对学校发展是否必要，都要千方百计争取。这些院校大多缺乏自主、特色、差异化发展的自觉性，在没有明确指标导向下办学，同质化倾向严重。一些本身实力偏弱的职业院校对内涵式发展用心不足，将有限的人力、财力、物力用于追赶国际化潮流。学院的国际交流看似频繁，与海外若干应用技术大学签订了合作协议，外派教师和学生的数量连年提高，来访的海外专家有增无减等，实际上因为自身基础薄弱，与海外较高水平应用技术大学无法有效对接，外派师生也很难在国外认真细致地学习和接受培训。海外专家来校指导，大多也只是短暂停留，培训技术上蜻蜓点水，起不到应有的效果。有的职业院校"高攀"不上海外名校，只好通过各种关系去联系办学水平较低的职业院校，结果是花费不菲，却只谋得一纸低层次的合作协议，对学院的国际化进程并无裨益。

（二）避免朝秦暮楚的国际化

职教发达国家和地区历经长期实践形成了本国、本地区、本校的办学风格和特色。我国作为现代职教后起国家，需要通过借鉴和取舍，最终形成适合中国特色的职教模式。在职业院校的国际化过程中，一些高校至今仍缺乏明确而坚定的办学方向，企图走"捷径"，从国外直接"移植"或"嫁接"先进理念。有的上一年借用荷兰的能力本位模式，下一年改为学习德国的双元制模式；有的今年声称要借鉴美国的生计教育理念，明年又转而"改宗"澳大利亚的 TAFE 模式。少数院校在短短十多年里，已经多次"改换门庭"，把欧美较有影响力的职教模式都尝试了一遍，到头来连自己也不知道"我是谁"了。有的职业院校同时引进海外多种职教模式,力图通过糅合产生一种创新型教育模式,却忽视了起根本性作用的国情、区情和校情。这种脱离自身实际、简单捏合的模式,最多只是字面和形式上的翻新,并非真正意义上的创新。

(三)避免盲目输出的国际化

随着"一带一路"倡议深入人心,大量中国企业已经或正在"一带一路"沿线国家大显身手。从沿海到内地,许多地区的职业院校也在纷纷摩拳擦掌,布局"一带一路",将"一带一路"倡议作为其走向国际化的重要机遇。不过,从一些职业院校的发展规划看,存在对合作国家、院校和项目了解不够,急于抢占欠发达国家职教领先地位的心理,容易导致文化和教育盲目输出。其中,一些输出重文轻技,虽然打着技能输出的旗号,实则以传播中国传统文化为主,并未将自身优势与当地对技能技术的渴求形成契合,这就容易与普通高校的孔子学院重叠。

另外,一些职业院校之所以盲目输出,还因为过于高估自身的办学实力,带着一种居高临下的心态去"指导"别国。事实上,近年来我国职业院校虽有长足发展,但整体实力依然较弱,其中师资是最大的一块短板。虽然近些年大部分职业院校不断加大引进海归硕博高层次人才的力度,但总体上来讲,职业院校教师用英语作为授课语言的能力还比较弱,极大地限制了专业资源的利用,如专业标准、专业课程的对外输出。调研显示,高职教师在给留学生开设全英文课程时,对自己的英文表达能力缺乏自信,在面对母语是英语的留学生时更是如此。因此,借助"一带一路"走向国际化,需要放下身段,相互取长补短,在输出自身优势技能的同时,虚心吸收沿线国家职教的成功经验和学习较高水平的技能技术,同时,鼓励职教教师夯实外语基础,从而不断提高职业院校的国际化办学水平。

第二节 新时期职业教育国际化推进策略

一、健全职业教育国际化机制

职业院校国际化既受到外部环境的影响,更受到学校决策者对学校发展阶段、区域发展环境和国际化之间关系的认知驱动。当前,职业院校决策者应充分认识国际化是职业院校发展的必由之路，建立健全国际化管理体制机制是职业院校国际化办学有序开展的必要环节。

（一）完善国际化发展组织架构

成立由熟悉国际交流、国际教育或国际标准的人员组成的国际合作部门，在学校党委外事工作委员会的领导下，依据国家关于职业教育的政策和文件，研究制订学校中长期的国际化发展方案，将其纳入学校发展核心环节。围绕制定的重点目标和任务，全面统筹与国际化建设发展相关的资源。各部门设立国际化工作协调员，与国际合作与交流部门一同贯彻落实学校的国际化发展战略。对于开展来华留学生教育的学校，应设立国际教育学院（国际学院）等来华留学生工作管理部门，完善来华留学生教育的各项规章制度，扎实做好招生宣传、学生管理、汉语推广及对外文化交流等工作。

（二）建立国际化协调运行机制

从政府层面来讲，应建立支持职业教育输出的统一协调机制。加强职业教育"走出去"的顶层设计，研究职业教育输出所涉及的业务范围，梳理相应的负面清单，为政府制定支持政策提供指导意见；建立支持职业教育输出和引导职业教育服务"一带一路"的协调机构，加强外事、人社、教育、财政部门和驻外、援外机构的沟通协调，统筹相关政策的研究、制定和出台，防止政出多门；加强"一带一路"沿线国家对职业教育相关的人才需求、资源需求等方面的信息整合，将相关信息、资源与服务"一带一路"有基础、有条件的职业院校进行协调对接，增强职业教育输出"一带一路"国家、助推经济国际化的针对性和有效性。

从学校层面来讲，对内需明确国际化工作不仅仅是国际合作部门的工作，而是全校一盘棋，涉及多领域、多部门的工作。学校应建立由国际合作部门主导，相关职能部门和教学单位密切配合的国际化协调运行机制。强化宣传教育，使全校师生充分认识国际化对学校发展的重要意义，充分调动其参与学校国际化工作的积极性，积极谋划国际化发展新思路。实行信息共享机制，定期召开国际化工作会议，有序推进国际化发展，避免因信息沟通不畅引起的贻误发展时机，推诿扯皮等现象的出现。

对外则通过建立办学合作机制、资源共享机制、利益分配机制等规范各教育主体的行为，激发各方的国际化办学热情，保障各方的办学利益和成果。此外，强化思想引领与宣传教育，让教职员工深刻理解推进教育国际化的紧迫性和必要性，理解推进教育国际化对学校未来发展的深远影响，主动了解和参与教育国际化建设，积极谋划国际化发展新思路，创新国际化发展新模式。

（三）建立国际化办学考评机制

机制建设还应涵盖考评管理，职业院校应采用灵活多样的考核方式，对参与学校国际化发展的管理部门、国际化程度较高的教学部门进行考评，以带动其参与国际化建设的主动性和积极性。首先，将服务和保障国际化工作作为教务、人事、学工、科研管理等职能部门的考核指标，推动职能部门积极参与学校国际化项目建设。其次，二级学院是高职学校国际化办学的重要实施主体，要将国际化资源引入、国际化人才培养、开展国际化合作与服务作为二级学院考核的重要内容，推动二级学院积极开展国际交流合作，在学院内部形成压力和动力的有效传递。最后，教师是职业院校国际化办学项目的具体执行者，要将提升国际化教学能力等作为教师专业发展和评估的重要内容。如将参与国际化办学项目、出国学习和工作经历等作为专业教师职称评聘的重要依据，同时出台多项制度文件，强化教师"双语"能力培养，激励教师赴国（境）外进修、培训、工作，有效提升教师在国际化环境下的工作能力。

（四）建立国际化经费保障机制

政府应设立高等职业教育国际化专项经费，激发院校国际化办学的积极性。做到经费在公办与民办职业院校之间、不同区域院校之间的合理分配，充分发挥民办院校管理体制的灵活性、人才培养的市场性等优势。引导边远地区职业院校充分利用地缘优势，在国际化工作中积极对接国家"一带一路"倡议。

此外，学校应在进行项目可行性论证、绩效分析等充分调研的基础上编制国际化工作预算，制定资金管理办法，做到钱与事相结合、任务与考核相结合，提高资金使用效率。逐步建立完善多元经费投入机制，多渠道融资，吸收各类社会资本对职业院校国际化项目的投入，尤其是要加强与"走出去"企业的合作，形成多渠道经费保障机制。

二、搭建职业教育国际化平台

搭建平台是高等职业教育实现高质量发展的重要途径。高质量的平台是职业教育走向国际化的"立交桥"，对推进职业教育开展国际合作与交流、提升国际化影响力具有重要作用。职业院校应树立平台化发展思维，在做好既有平台项目的基础上，积极搭建多方参与的职业教育联盟，参与政府或行业协会搭建的国际合作和交流平台，与"走出去"企业合作办学，不断提升学校的国际化办学质量和服务水平。

（一）职业教育国际化平台搭建的基本原则

1. 教育性原则

作为我国职业教育走向国际教育舞台的"桥梁"工程，搭建职业教育国际化平台是提升职业教育国际化发展水平和推动职业教育国际化内涵发展的应有之义，其承载的是具有中国特色的职业教育发展模式的跨境输出。因此，在构建职业教育国际化平台的过程中，必须以职业教育的内涵使命为基石，凸显平台的教育性原则。换言之，职业教育国际化平台的构建要充分对接我国职业教育的基本要素，融入职业教育的内在规律、体现职业教育的功能特点，以实现国际化平台搭建与职业教育国际化发展之间的相得益彰，这不仅是国际化平台教育性的重要体现，也是衡量我国职业教育国际化发展程度的重要指标。

2. 合作性原则

在"一带一路"倡议背景下，开放、合作、互动、交流成为时代发展的主旋律。因此，促进各方合作是职业教育国际化平台搭建的主要原则之一。构建职业教育国际化平台，其主要目的是增进职业教育的国际交流，促成开放式合作，实现利益相关方优势资源的共享和互动。要充分发挥国际化平台功能，协调优化各方资源配置，开展形式多样的交流活动，搜集教育发展、产业需求或地方政策等不同领域的信息资讯，搭建国际化人才培养基地，提供跨境职业教育技术服务等，以增进各方交流与合作，满足职业教育国际化利益相关方对各方优势资源的互通和共享。

3. 服务性原则

产教融合服务经济发展是发挥职业教育社会价值的重要体现。在"一带一路"倡议和"走出去"战略背景下，大批中资企业赴境外开拓国际市场。但是大部分"一带一路"沿线国家人力资源开发能力低，职业教育发展水平滞后于市场对职业技能人才的需求，较为严峻的人力资源开发问题成为制约"一带一路"沿线国家可持续发展的重要掣肘，也给中资企业的境外拓展带来了困难。因此，职业院校要协同企业共同搭建国际化平台，集聚学校和企业的优势资源开展技术技能人才培养、技术服务等，培养培训中资企业境外发展所需的本土化人才，服务中资企业境外发展需求。同时，要借助中资企业在境外政策、环境、市场等方面的发展经验，拓宽国际化平台的运作渠道和功能，实现国际化平台的良性可持续发展。

（二）职业教育国际化平台搭建的路径

1. 积极参与政府或行业协会搭建的国际合作和交流平台

职业院校可充分利用中国教育国际交流协会丰富的国际化资源，如"高端技能型、应用型人才联合培养百千万交流计划""中国—中东欧国家教育能力建设"等项目，院校抱团、齐心聚力，积极协作推动中国职业教育走向世界。教育部、外交部及贵州省人民政府合办的"中国—东盟教育交流周"已举办了8届，致力于打造中国与东盟国家教育合作品牌，被列入《中国—东盟战略伙伴关系2030年愿景》和《澜沧江—湄公河合作五年行动计划（2018—2022）》，成为双方在教育领域最重要的机制化交流合作平台。迄今为止，"中国—东盟教育交流周"的参会学校及教育机构逾千所，签署近800份教育协议或合作备忘录，为加深中国与东盟国家之间的友谊，推进双方在教育领域的务实性合作做出了积极的贡献。

2. 搭建由中外政府部门、企业、院校等参与的职业教育联盟

充分利用联盟内各成员具备的信息和资源优势，为学校国际化发展提供决策依据，降低国际合作交流的风险，实现职校国际化精准和高效发展。比如，2018年10月，山东理工职业学院与泰国曼谷职业教育中心合作共建孔子六艺学堂，按照"汉语＋文化＋专业＋产业"模式设计开展学历教育与职业培训，旨在将中国优秀职业教育成果输出到泰国，服务"走出去"的中资企业，助力中泰产能合作，培养"一带一路"建设需要的高技术技能人才。

3. 与"走出去"企业实施境外办学，共建援外教育平台

高职层次境外办学是在国家构建"人类命运共同体"的倡议下应运而生的，与国家层面的对外援助战略密不可分。教育主管部门可统筹部署高职境外办学，协调教育、外交、商务、文化等部门资源，形成职业教育援外合力。同时，引导职业院校在中资企业海外业务量大，或者企业急需开拓业务并具备良好市场潜力的国家和地区办学，以取得良好的办学效益和示范效应，带动相关院校共同"走出去"。鼓励职业院校搭建职业教育输出的协作与交流平台。

支持"走出去"企业与职业院校联合组建职教集团，进一步深化产教融合，开发跨境产学合作项目，鼓励相关职业院校参与企业海外业务拓展项目建设；组建职业院校参与"一带一路"的协作组织，开展职业教育领域中外合作拓展与交流项目，推动职业院校抱

团合作，形成合力；依托办学实力强、"走出去"办学有一定基础和经验的职业院校，参照国家开设孔子学院的做法，在海外建设若干以"促进技术技能人才培养，促进丝绸之路经济带和21世纪海上丝绸之路建设"为目的的"丝路学院"；引导职业院校国际交流活动向"一带一路"沿线国家聚焦，在向美国、澳大利亚、德国等职业教育发达国家学习借鉴的同时，引导不同职业院校根据自身特点办学，重点选择"一带一路"沿线相对固定的区域开展稳定合作，推广较为成熟的做法和经验，共同为"一带一路"建设服务。例如，浙江省宁波市建立"一带一路"产教联盟，积极打造"一带一路"职业技术培训基地，直接服务于"一带一路"沿线国家的技术培训需要，以金华职业技术学院为代表的一批浙江职业院校也参与其中。

4. 搭建国际化科研合作平台

通过平台整合优质职业教育资源，协同开展"一带一路"职业教育研究，是深化职业院校国际化内涵、实现职业教育国际化创新发展的重要途径，有利于提高职业院校国际化决策的科学性和可行性。首先，成立专门研究机构，深入了解发展中国家职业教育的需求。随着"一带一路"倡议的深入推进，我国与发展中国家职业教育的合作需求将越来越多，但一直以来，我国职业教育研究对象主要集中于发达国家，对发展中国家的研究相对较少，对其职业教育发展的需求把握也相对不足。因此，当前亟须开展"一带一路"沿线国家职业教育发展及其需求研究，为国际交流合作奠定认识基础。其次，成立国际合作机构，推进跨国职业教育科研项目。跨国职业教育科研合作是深入认识国家相关职业教育的有效途径。通过引入目标国家的研究力量和资源，可以有效弥补仅通过文献或调研开展研究的不足。最后，举办国际学术研讨会，推动发展中国家职业教育交流与合作。国际学术研讨会是推介中国职业教育发展理念和经验、促进合作交流的重要平台，借助国际化科研合作平台，为"一带一路"沿线国家和区域的国际合作与交流提供"中国建议"，也为高水平职业院校建设走向纵深化提供支撑和保障。

三、重视职业教育国际化专业建设

《高等职业教育创新发展行动计划（2015—2018年）》（教职成〔2015〕9号）中指出，职业院校要助力国家优质产能走出去，主动服务"走出去"企业的需求，培养具有国际视野、通晓国际规则的技术技能人才和中国企业海外生产经营需要的本土人才。职业院校是否完成人才培养目标，核心在于专业是否适应国际市场对人才培养的需求，是否具备国际竞争力。

（一）重视专业特色和品牌建设

专业是高等职业教育人才培养的载体，职业院校要结合自身办学实际和合作方劳动力市场需求，整合学校优势专业资源，打造能有效开展国际化人才培养的专业集群。积极引进国外的成熟标准，如欧盟的《欧洲资格框架》、德国的《培训资格条例》、美国社区学院的专业设置、英国的共同评价框架等，结合符合我国国情实际的标准，对照框架和内容进行分析、比较和开发。参与职业教育发达国家的专业国际认证，如《悉尼协议》《华盛顿协议》《都柏林协议》等，确保学校的人才培养体系和质量与国际标准接轨。探索将专业标准和职业资格标准对接国外企业，如"一带一路"沿线国家企业的技术标准体系等，在对接融合的基础上致力于打造中国职教品牌，增强高等职业教育专业的海外吸引力。同时，在专业教学中融入如"知行合一""终身学习""工匠精神""人人皆可成才、人人尽展其才"等具有中国特色职业教育的思想和理念。

（二）重视课程内容和质量建设

首先，职业院校要更新课程观念，要认识到课程国际化是高等职业教育国际化的必然结果。职业院校要以最新的职业技术国际化人才培养规格和专业建设的方向确定课程建设的目标、内容、组织和评价方式等，构建开放的国际化课程体系。如德国针对"工业 4.0"，积极开发双元制职业教育培训职业课程。通过确定"工业 4.0"的通用行业领域，确定典型工作任务，对典型工作任务进行分析，发掘相应的能力要求，从而构建对应的学习模块。课程的开发需要通过企业、行会、学校以及政府的反复磋商与协调，一般情况下，新课程的出台至少需要 4～5 年时间。德国在新《联邦职业教育法》（2005 年 4 月修订）中制订了很多关于职业教育与国际教育相衔接的措施，使"双元制"职业教育逐步与国际化发展接轨。如为了严格审视国际化素质教学质量，开设了国际化素质考试。该考试要求该科目结合综合课题，把相关的国际化素质在各个领域中得以体现，知识要点通过课题项目的形式表现出来，依据这些制定国际化素质考试的标准和要求。同时，在教育结构方面与国际通行标准接轨，增设外向型的学科专业，设立了欧洲学、汽车机电工程师、欧洲太阳能技师等国际性学科专业项目，并得到政府的认可与资助。在培训的新职业中，还强调要积极学习外语、辅助能力及开展有关国际化素质教育的教学，实施有关逗留在国外教育假期的新制度等，这些法规与监督体系为德国职业教育走向国际化提供了法律保证。又比如，澳大利亚在职业教育课程内容中加入许多最新的国际职业教育观点和理念，增加主要地域的文化特点和国家间跨文化内容的比例，及时把国外最先进的科学文化知识和科技成果补充到各个学科教学内容中。

其次,职业院校要依托有办学基础的、实力强的专业开展课程国际化建设,优势专业具备对国际化各要素快速反应的能力,会密切关注专业对应行业和企业的信息与资源,并能以最快的速度将其融入课程中。此外,发挥该优势专业课程国际化建设的辐射作用,带动相近、相关专业课程共同发展。

再次,职业院校要寻求与国外优质院校、跨国企业及我国"走出去"企业合作,优势互补,结合国内外劳动力市场和岗位需求,按照能力导向、通用及实用性原则,共建如职业资格标准、实习实训标准等国际化标准。

最后,课程国际化建设要对接国际通用职业资格标准,使培养的人才能服务经济的国际化发展,同时,劳动力融入国际职业教育体系,便于其后续的技能提升。国际标准开发要注重"谁开发、怎么开发、如何使用"等问题,聚焦开发主体、开发过程和实施管理三个向度。要根据协同治理理论,组建一支具有国际视野的"政、行、企、校"多元协同开发团队,成员由教育部门政策制定者、行业专家、职教集团专家、大型跨国公司企业专家、学校的骨干教师、专业带头人、国外知名教育家等组成,代表着不同的行业背景、标准要求和价值取向。

(三)重视以专业建设为核心的职业教育标准

参与国际职业教育标准制定,实现标准对外输出是我国职业教育提升国际影响力的必由之路。

以课程标准为例,首先,课程标准输出可促进目的国如"一带一路"沿线国家的高等职业教育的发展。教育教学标准贯穿职业院校的办学理念,规定了专业办学条件、课程与教学要求、管理规范和人才培养标准,是保证教育教学水平与人才培养质量的基本教学文件。面向"一带一路"沿线国家输出教育教学标准,能将我国先进的高等职业教育理念、人才培养模式、教育教学内容与方法等传播到沿线国家,推动沿线国家教育教学标准建设实践与办学水平、人才培养质量的提升。

其次,推动我国职业教育标准建设与内涵发展。在教育教学标准"走出去"的过程中,职业院校将会更加注重专业教学标准、课程标准等的研制,增强标准的科学性、规范性与国际化水平。因此,课程标准输出有助于进一步完善我国教育教学标准,推动高等职业教育内涵式发展。

最后,增强职教话语权,提升国际影响力。教学标准包含技术标准、职业标准、文化与价值观，面向沿线国家推广教学标准，有助于厚植企业文化与传播中国技术，不仅能影响一所或几所院校，甚至可能会影响整个行业或产业，有助于不同教育系统间的交流与认同，提升我国标准、文化和价值观的国际认同度，彰显文化与理论自信。

职业教育"走出去"，核心是职业教育办学模式和职业标准"走出去"。教育部等九部门印发的《职业教育提质培优行动计划（2020—2023年）》指出，要"引导职业学校与国（境）外优秀职业教育机构联合开展学术研究、标准研制、师生交流等合作项目，促进国内职业教育优秀成果海外推介"。比如，浙江省职业院校在中外合作办学、联合办学过程中，将适应国际化办学的课程资源和双语教学内容作为教育国际化的重要评价指标，大力推进课程资源的国际化。"十三五"初期，浙江省共有32所职业院校开设了全外语课程，如浙江旅游职业学院、宁波城市职业学院开设的双语课程均超过100门。在课程资源建设的进一步深化过程中，要将企业发展案例作为职业教育输出的教材内容，鼓励职业院校以项目化的方式联合组建开发团队，面向各个产业领域开发"一带一路"沿线职业教育欠发达国家适用的教材和培训包。同时，借助外语师资，将教材和培训包转化为多国语言版本，输出具有中国特色的职业教育方案和模式。

要实现以职业教育标准为核心的资源输出，应做到对内推动职业教育标准制定，对外推动职业教育标准输出。政府应认识到制定标准在职业教育国际化中的重要作用及标准输出的战略意义，明确职业教育标准输出工作的整体战略部署。成立由教育部、商务部、国家标准化管理委员会等部门联合组成的教育标准领导工作小组，布局国家职业教育标准输出战略，对涉及跨部门和跨领域重大标准的制定进行统一组织协调，将标准研制和输出工作纳入国务院职业教育工作部际联席会议内容。组建"一带一路"智库，聚焦"一带一路"沿线国家的职业教育、法律法规、"走出去"风险防范等研究，为职业院校输出标准提供指导和保障。建立由省市级教育主管部门牵头，依据区域职教特色，由熟悉标准研究制定的专家、"走出去"行业企业的管理者、一线教师、外事人员等组成的标准建设和输出工作实施小组，明确对内对外工作机制，统筹标准的制（修）订、输出和质量监管工作。做好标准的多语种文本翻译工作，扩大国际受众市场。建立职业教育标准"走出去"的评价体系，聚焦标准的质量建设评价和标准输出后的认可度评价。可参照高校中外合作办学质量保障实施意见，研究制订教育标准的质量认证和评价方案，由院校自主申请，认证结果由教育主管部门认定。职业院校在加大对国际职业教育通行资格和标准的跟踪、评估与转化力度的同时，要做好"三对接"：一是对接目的国政府部门，开展劳动力资源调研，了解劳动力需求状况，掌握办学政策法规；二是对接目的国职业院校，了解当地职教发展水平，对比研究两国职业标准等；三是对接目的国的中资企业，结合目的国劳动力市场和企业对人才的需求，共同开发专业教学、实习实训等职业教育标准。

教育主管部门要积极构建全方位、多维度、广渠道的立体化宣传格局，对外展示我国职业教育标准及发展成果。职业院校要参与教育领域国际标准研讨活动，发挥院校，尤其是交通、农业类特色院校担任国际教育联盟中方负责人或协调员的作用，对外大力推介我国高铁、农林农牧类等职教标准。主动参加国际标准组织技术机构并承担有关职务，提升我国在国际标准制定工作中的话语权。对目的国机构或院校人员开展标准解读和培训工作，通过配套音视频、图片、文本等数字化资源为一体的在线开放课程，助力标准"走出去"并真正"走进去"。在境外建立基于中国职业教育标准打造的人才培养基地，中国标准贯穿于援外职业培训的始终，筑牢标准"走进、走深、走实"的根基。通过与外方合作办学、主办职业教育交流活动、参与世界教育大会和校长论坛等多元化的国际合作实践载体，增进与其他国家间的文化互信，促进民心相通，顺利推动职业教育成果"走出去"。此外，改革教育激励和评价机制，将国际化建设相关成果纳入教师的考评体系，给予职称评聘、经济补贴等优惠政策，激励教师积极参与职业教育国际化工作。

四、加强职业教育师资建设

教育的根本任务是育人。要培养具有国际意识、国际竞争力的一线技术技能人才，职业院校须建立一支具备国际视野、国际育人理念和本领的师资队伍。师资队伍建设不仅包括专业教学和科研工作人员，也应包括管理和教辅人员，如来华留学生辅导员等。政府应认识到推进职业院校教师的国际化发展是当今世界高等教育发展的主流趋势，依据当前职业院校师资国际化的现状，出台相关教师培训培养政策；教育资源多向职业院校倾斜，如拨付国际化师资队伍建设的专项资金等。职业院校要将国际化师资建设作为学校的专项工作计划，编制师资国际化建设的指导性文件及实施细则，成立专门负责国际化师资建设领导小组与管理办公室，负责制订学校国际化师资建设的培训计划、考核与激励制度。学校各二级学院应成立国际化师资建设执行小组，有组织有计划地推进国际化师资建设工作。师资队伍的建设采用"外引"与"内培"相结合的方式。

（一）师资"外引"

高层次的国际化师资是提高师资队伍国际化整体水平的重要保障。在"外引"上，职业院校应注意以下几点。

第一，职业院校应围绕学校发展建设大局及学科和专业建设实际需要，积极出台境外高端人才引进与管理政策，构建境外高端人才引进与培育机制，优化引进模式、招聘方式和激励机制，加大对具有较高学术水平且具有丰富行业、企业工作背景的境外高端人才引进工作的投入力度，吸引境外高端人才来校参与学科发展、专业建设和管理服务，充分发挥高层次人才的集聚效应和团队效应，不断促进本土优秀人才与外来人才的融合，学习国外先进的办学理念、教学模式、科学研究方法等，提高本土教师的国际视野、教学科研水平，以及教学与管理团队的国际化水平。

第二，职业院校要摒弃盲目重视外显性指标这一弊病，要认识到一味重视指标，扩大外籍教师的规模不一定符合学校或区域高等职业教育现阶段的实际情况，不仅无法保证教育教学质量，而且极有可能引发其他社会问题。因此，国际化师资的引进一定要讲求实际，保证效用。

第三，设立学校层面的外教管理工作机构，协调涉及与外教教学和管理各部门相关的工作职责，同时，厘清涉及外教管理的各部门职责清单。以外教授课所在学院为例，该学院须指定一名领导专门分管外教业务管理工作，配备一名专任教师担任外教相关业务联系人；向外教介绍本部门情况及明确具体业务要求，定期组织工作交流；负责根据外教的业务专长，组织外教参与教工培训、业务咨询、课程开发、外语角、竞赛指导等活动，并协助学校拓展对外合作与交流；负责充分挖掘外教的科研能力，鼓励外教以所在学院（部）教工名义申报教学科研课题，发表学术论文，开展学术交流合作；以开放式引导和规范化管理相结合，对外教进行教学管理。

第四，外教应当遵守中国法律法规，遵守中国的公序良俗和教师职业道德，遵守教育与宗教相分离的原则，所实施的教育教学活动和内容应当符合中国的教育方针和教学基本要求，不得做出损害中国的国家主权、安全、荣誉和社会公共利益。外教应遵守学校各项规章制度、尊重同事和学生，不得做出有损学校利益的行为；不得擅自使用任何属于他人的秘密信息，也不得擅自实施可能侵犯学校或者任何第三人名誉权、荣誉权的行为。如外教违纪，视问题性质和情节轻重酌情处理，一般由所在学院和国际合作与交流部门批评教育；如外教违法，或违纪情节严重、态度恶劣者，学校应与之终止聘用合同，并由公安、司法机关依法处理。

（二）教师"内培"

相对于院校加大投入，"外引"全球知名的技术技能专家和教师充实本校师资队伍，"内培"对于大部分院校来说是更佳的选择。职业院校应充分认识到职业院校教师的国际化发展是当前职业院校应对全球化必须具备的教育理念。

1. 完善国际化师资培训体系

职业院校要完善国际化师资培训体系，要从政策、制度、环境等多维度制定符合本校国际化师资建设的扶持政策和措施。

首先，建立人事管理部门和国际合作部门联合的师资国际化运行机制，将国际化能力作为重要模块纳入现有的师资培训体系。如引入或建立在线国际化培训资源库，鼓励教师依照培训目标和指标，选择相应的课程进行学习，补足教学和管理能力缺失项；定期召开研讨会，由有丰富国际化教学和管理经验的教师主讲，加深学员们对国际化内涵的理解并转化为实际行动。

其次，要创新语言培训方式，破解职业院校师资国际化进程中的外语交流"瓶颈"问题。针对职业院校教师外语交流中存在的"瓶颈"问题及教学任务重的现实问题，职业院校应该创新语言培训方式，可以与国内知名语言类高校签订国际化师资联合培养协议，采用"集中培训+分散教学"的培训方式，突破教师外语交流的"瓶颈"问题，增强教师参与国际交往的语言表达能力。

再次，加大教师出国（境）研修力度。院校应积极与国外院校开展教学与科研合作，采用师资互换等方式，积极选派教师赴国外高校进修，拓宽国际化教学与服务社会的视野，加强教师的国际化教育教学技能。并定期邀请国内外知名专家来校开展国际化建设专题讲座，开展多种形式的中外教师教学与科研座谈会，教师学习后要全面分享学习成果，提交高质量学习报告，全力将学习成果应用到教育教学改革和科技创新中，以此提升教师国际化教学与社会服务的能力。

最后，针对职业院校在社会服务中存在技术研发薄弱的问题，要深化产教融合与校企合作，让专业教师深入国际化企业进行挂职锻炼，如开展专业带头人、青年博士进企业实践活动，与企业技术人员共同开展科技研发与技术创新，协助解决企业技术难题，以此提升服务社会的能力，打造技术技能创新服务平台，从而进一步提升职业院校国际化人才培养的质量。

2. 积极开展国际合作项目

积极开展国际合作项目开展如来华留学生项目，双语课程开发，选派教师赴境外合作院校授课，为"走出去"企业员工开展培训等，丰富教师参与国际合作的渠道，有效支撑教师国际化素养的提升。如采用"1+1"模式加强英文授课师资队伍的培养，即确定1

名专业课程英文授课教师，遴选一名教师作为后备，形成有效的"带中学"倒逼机制，储备双语师资力量。可与境外院校或教育机构共建师资培训基地，承接目的国师资培训项目，通过当地师资来传播我国职业教育的理念和标准，辐射性更强，效果更好。

3. 改革教师教育激励和评价机制

首先，要加大对国际化师资建设的资金投入，在争取国家留学基金委项目的同时，积极构建多元化的国际化师资建设教育基金，充分利用上级财政的经费，通过争取企业赞助或者设立国际化师资建设基金等方式，以保证充足的职业院校国际化师资建设的资金。

其次，要保障正在国（境）外进行访学培训与交流的教师仍享有合理的工资与福利待遇，应承担教师在培训期间所产生的全部培训费、差旅费等，作为部分弥补教师因参加培训而带来的教学工作量等损失，并对自费公派学成归国者予以适当的奖励。

再次，要对出国研修或者访学的教师制定详细的评估制度，相关部门可以采用网络或其他通信方式跟踪在国（境）外研修教师的工作、学习情况以便及时了解他们所面临的困难与问题，并及时采取各种措施和手段保证其在国（境）外的研修效果。

最后，要将国际化教学和研究成果纳入教师的考评体系，给予国际化办学一线的教师和管理人员职称评聘、经济补贴等优惠政策，借鉴国外高校的经验，推行教师学术休假制度，使教师有条件有时间利用学术假出国交流与研习，激励教师积极投入境外教学、开展"一带一路"产业研究、来华留学生培养等高等职业教育海外输出工作。

4. 营造学校的国际化氛围

职业院校要营造学校的国际化氛围，积极举办跨文化交流活动。文化教育是一种隐性的教育，它不是抽象的理论说教，而是通过耳濡目染，潜移默化地将文化借鉴和融合贯穿于教育、管理和服务及思想的全过程。教师通过参与活动，一方面能拉近与外籍友人的距离，近距离感受国外文化。另一方面，能增强教师对自己教学能力的自信，对本国文化的自信，积极贯彻和践行习近平总书记在党的十九大报告中强调的"四个自信"和在全国教育大会上强调的"要坚持扎根中国大地办教育"的重要精神。

5. 主动与上级主管部门沟通

职业院校应积极主动地与上级教育主管部门及省级外事管理部门交流沟通，解决校内教师境外研修培训需求与外事政策管控的现实矛盾，加大对教师境外研修培训工作的支持力度。同时，应与境外培训单位加强交流沟通，科学谋划培训内容，确保培训质量，加强成果转化，切实提高受训教师的专业水平。

第三节　新时期职业教育国际化保障策略

一、保障职业教育国际化质量评价

质量是教育的生命线。构建多维度协同治理的国际化质量保障体系是提升职业院校国际化人才培养能力、质量和水平的必由之路，对加快推进高等职业教育治理体系和治理能力现代化建设、提高高职教育在国际教育竞争中的优势和地位具有重要的意义。高等职业教育国际化是一个多方参与、多方受益的过程。随着职业院校提升国际化办学的规模和层次，开展国际化办学质量评价是高职教育国际化可持续发展、高质量发展的重要保障。

（一）职业教育国际化评价的路径

第一，认真学习上级部门制定的办学政策和文件，积极开展国际化办学自查自纠工作，做到依法依规办事。开展中外合作办学的院校可参考教育部《中外合作办学评估方案（试行）》的评估指标，结合自身办学实际，制定适合本校情况的国际化办学规章制度，规范合作办学的建设和管理，提升合作办学的质量与效能。开展来华留学教育的院校应依据《来华留学生高等教育质量规范（试行）》（教外〔2018〕50号）的要求，积极开展校内自查工作，查漏补缺，促进学校来华留学生教育水平的提高。《来华留学生高等教育质量规范（试行）》是中华人民共和国成立以来首个针对来华留学生高等教育制定和实施的全国统一的基本规范，是来华留学生教育转型发展过程中的关键性、基础性文件，为来华留学生教育质量保障体系的建设奠定了基石。

第二，积极响应上级部门开展的国际化办学检查督查工作，认真落实督查意见，及时整改。如2017年，教育部办公厅、外交部办公厅发布《关于严格规范来华留学招生和管理工作的通知》（教外厅函〔2017〕56号），针对高校来华留学生招生和管理中存在的较为严重的问题与隐患，要求各招收留学生的高校在严把入学门槛、规范中介合作、严格入学审查、加强居留和签证管理、加强学籍管理、梳理住宿情况、完善应急机制7个方面进行专项排查，规范现有招生和管理工作，确保"看好门""管好人"，防范和消除安全隐患。2018年，教育部在全国范围内开展了来华留学教育督导检查，开展治理整顿，严肃处理了18所院校在来华留学生招收、录取、签证等留学生管理工作过程中出现的各类违法违规行为，暂停16所涉事院校招收外国留学生的资格。值得注意的是，评估各方需更新观念，明确评估不是为了评出"三六九等"，而是为了发现被评估院校在国际化发展中存在的不足，并会同各部门专家"对症下药"，提供可操作性的建议。

第三，构建具有国际化特色的第三方专业评价机构。第三方专业评价机构的形成是评价活动走向国际化的基础。发达国家成熟的第三方教育质量评价活动绝大部分由具有评价资质、且能独立开展评价的第三方机构执行，这在很大程度上保证了评价结果的公正、公平。同时这些评价机构都制定了符合评价所需要且比较科学的标准体系，形成了规范化的评价流程，人员的专业素养比较高，能有效执行评价工作，且评价结果能得到政府、企业等利益相关部门或人员的认同，这不仅为学校争取政府的拨款提供了依据，也为企业等用人单位的人才引进提供了参考，在社会上树立了权威评价，让评价机构获得了公信力。但是，目前发达国家第三方评价机构的国际化程度并不高，只有极少数的具有公司化性质的第三方评价机构开展了跨国评价活动。比如，职业院校可借鉴澳大利亚技能质量署 ASQA 对海外办学项目的监管措施，组建专门的审核团队对境外合作办学院校进行招生政策、办学流程、教学质量等方面的考核，确保境外教育和培训的质量。因此，职业院校可探索成立国际第三方职业教育评价联盟，在各国设立分支机构，吸纳各国相关专业人员组成跨国专业评价团队，根据各国高等职业教育发展需要研制本土化和国际化相结合的质量评价标准，按照统一的规范流程开展评价工作，并执行严格的内部管理制度，形成良好的组织机构运行机制，实现为国际社会提供优质职业教育服务和促进职业教育可持续发展的目标。

第四，做好高等职业教育国际化的绩效控制。绩效控制能全面地展示高等职业教育国际化的现实发展状况，能够为政府管理部门和学校发展提供决策依据。职业院校要对开展的每个国际化项目进行科学的评测，不断优化评估与监测的过程，并形成一整套监测反馈体系。对于高等教育国际化的战略绩效控制要逐步囊括到政府与学校工作的评估中去，高等教育国际化的发展计划、实施情况、政府之间部门的协调情况都要纳入其中。绩效控制是一个系统性的工作，它需要高等职业教育国际化工作的各个部门共同参与，在绩效控制中找到问题并及时反馈，并及时对教育国际化战略规划进行适时的修正。

（二）职业教育国际化评价指标

目前，国际上较为常见的大学国际化评价指标体系依据组织者的层次可分为四类。

一是由国际组织牵头研制，具有一定普适性的、有指导全球范围内大学提高国际化水平和质量的指针性作用的文件。相关机构如经合组织高等教育机构管理委员会（Institutional Management Higher Education，IMHE/OECD）、国际教育联合会（International Education

Association，IEAEDU）、欧洲高等教育质量保障联合会（European Association for Quality Assurance in Higher Education，ENQA）等。

二是由某个国家或地区的学术团体或高校联合会牵头研制，作为帮助其所在国家、地区的大学提高国际化水平，进而争取国际化发展所需经费支持的建议性文件。相关机构如美国教育理事会国际化与全球参与中心、德国学术交流中心、德国高等教育发展中心、日本学术振兴会等。

三是由某个国家或地区的专业质量保障、评估机构牵头研制，作为对其权限区域内的大学国际化水平进行外部评价的标准依据。相关机构如澳大利亚大学质量署、日本大学评价与学位授予机构、我国台湾地区的社团法人台湾评鉴协会等。

四是由高校根据自身的国际化发展战略目标研制而成，用于自身国际化水平的自我检测评价指标。相关机构如大阪大学、南安普顿大学、德州大学圣安东尼分校等。

依据上述四类分法，本研究选取了国外具有代表性的经合组织高等教育机构管理委员会、美国教育理事会国际化与全球参与中心（ACE's Center for Internationalization and Global Engagement，ACE-CIGE）、澳大利亚大学质量署（Australian University Quality Agency，AUQA）、高等教育质量与标准署（Tertiary Education Quality and Standards Agency，TEQ-SA）和日本大阪大学国际化评价指标体系作为借鉴对象，与国内教育部高等教育国际化发展状况调查指标体系（普通本科院校）和郑州大学国际化办学考核办法进行类比，选取大学国际化的共性要素，根据高等职业教育国际化区别于普通高等教育的职业性、应用性特征进行对比分析。

高等职业教育国际化评价指标说明如下：

1. 理念与规划

教育理念是对教育活动的理性认识和理想追求，是指导教育实践的思想观念。在国际化发展战略中，职业院校应将学校的发展置于国际高等职业教育的发展体系中，按照国际标准对自身进行比较和检验，根据学校短、中、长期的发展目标，制定教育国际化的发展规划和年度计划，为学校教育国际化发展指明方向，画好设计图，以此引领学校国际化发展，为教育国际化的价值取向和行为选择创造良好的舆论氛围。

重点关注学校是否有明确的国际化发展理念、规划和目标。比如，学校发展战略规划中是否有落实《关于做好新时期教育对外开放工作的若干意见》（以下简称《若干意见》）及《推进共建"一带一路"教育行动》（以下简称《教育行动》）的体现，或是否结合《若干意见》及《教育行动》进行了调整；是否制定了国际化发展战略，以提质增效、内涵发展、服务人文交流和"一带一路"建设为重要目标，为国家经济建设和社会发展服务；是否根据国际化发展战略，制订了中长期规划和实施方案；是否定期召开教育国际化工作会议等。

2. 组织与制度

职业院校应成立专门的组织机构履行教育国际化的职能，并且有相应的人力资源部门落实学校国际化发展规划，推动国际化活动的实施。建立起能保障教育国际化规范实施的一整套较为完善的管理制度，以及常态化的经费预算和奖励机制，确保教育外事工作运转有序，实施有效。

重点关注学校是否建立和健全了国际化工作机制（规划、咨询、实施、评估、激励、保障等），对国际化工作的落地、成效、辐射作用及国际化对教学科研的反哺、促进作用进行评价和反馈。

3. 学生培养国际化

学生培养国际化包括学生对外交流和来华留学生教育。

重点关注学校是否已完善或计划完善来华留学体制机制，创新来华留学人才培养模式，注重优化来华留学生国别、专业布局，提高高学历学生比例，以及服务中资"走出去"企业。

4. 教学国际化

教学国际化包括课程与教学、资源输出、实训基地建设等。

重点关注职业院校国际化办学专业、双语授课课程建设，专业标准、课程标准输出，与企业设立实训基地等方面。

5. 师资队伍国际化

鼓励本校教师走出国门学习、进修、培训，以拓展国际视野和增加全球思维意识，提高自身的国际化水平。教师的国际化水平程度越高，才越能做好学生的双向流动。在"引进"外来智力资源的同时，要注重增进学生的世界情怀。

重点关注本土师资中取得海外学历或学位、在海外非学历研修三个月以上、在海外工作或实习三个月以上的教师人数；外籍教师中关注专业课程教师人数，突出外籍教师对学校国际化发展的作用。

6. 涉外办学

涉外办学分为中外合作办学和境外办学项目。职业院校依据自身发展实际，可聚焦

"引进来",或"引进来"和"走出去"并举,或重点开展"走出去"。通过中外合作办学引进境外优质的教育资源,通过境外办学对外输出我国高等职业教育的优质资源。

重点关注中外合作办学机构、项目的数量和办学效应;所设专业是否是当前国家急需的自然科学与工程科学类专业;引进国外优质资源的数量;境外职业技术教育研究中心、境外专业培训基地、境外实习基地的数量和办学效应。

7. 国际合作与交流

国际合作与交流是职业院校国际化的途径和方式,主要包括师生跨境交流。

重点关注外方人员来校交流、学校教师出访交流、与境外开展师生交流、与境外机构和学校缔结合作关系等。近年来,随着我国高等职业教育国际化内涵的提升,不少院校主办、承办或参与国际技能竞赛,需关注学生参加国际技能比赛的数量和获奖情况。

8. 特色项目

国际化特色项目应依据学校发展定位、办学特色和区域发展等因素自行制定。

重点关注参与市级以上中外人文交流活动数量和参与"一带一路"国家教育援助项目数量。

9. 经费

职业院校国际化办学需要较多的经费支持。调研显示,国际化办学特色和成绩显著的院校与其获得的办学经费成正比。目前职业院校国际化办学绝大部分依靠学校自身的资金,如仅靠职业院校的一己之力,难以保证国际化办学合作项目能维持长期的良性运行。

重点关注国际合作与交流预算总额及从其他渠道获取的经费总额(除上级财政外)等。

二、人文交流职业教育国际化纽带

随着我国综合国力的提升,尤其是改革开放四十多年来的大发展,国际社会迫切希望重新认识中国,了解中国迅速崛起的原因,关注中国未来发展的趋势。

2013年9月,习近平主席在对土库曼斯坦、哈萨克斯坦等国进行国事访问并出席上海合作组织比什凯克峰会期间提出,"一带一路"建设要加强"五通",即政策沟通、设施联通、贸易畅通、资金融通和民心相通。2017年5月,习近平主席出席"一带一路"国际合作高峰论坛开幕式并发表主旨演讲,提出"国之交在于民相亲,民相亲在于心相通"。作为促进民心相通的重要路径,中外人文交流能夯实中外关系民意基础,增进国家间的相互理解和信任，实现世界持久和平和共同发展。

新形势下，职业院校应积极贯彻国家《关于加强和改进中外人文交流工作的若干意见》（以下简称《意见》），服务国家改革发展和对外战略大局，着眼中外民心相通、文明互鉴、互利共赢的需求，践行教育在推动人文交流领域的重要作用。

一是要把握新时代中外人文交流的历史定位、目标原则，在中外人文交流中要坚定"四个自信"，强调"以我为主、兼收并蓄"，努力讲好中国坚持和平发展、合作共赢的故事，向世界展现一个真实、立体、全面的中国。

二是要建立中外人文交流机制，将人文交流理念融入学校国际化办学的全过程，注重丰富和拓展人文交流的内涵与领域，如上级部门实施的人文交流项目、各市（区）友好合作项目、学校开展的特色项目等，积极打造具有国际影响的人文交流品牌。

三是要扎实做好来华留学工作。《意见》指出，要建立语言互通工作机制，推动我国与世界各国语言互通，开辟多种层次语言文化交流渠道。作为来华留学生培养的重要阵地，职业院校应在留学生培养过程中开设汉语和中国文化课，鼓励来华留学生学好中文和中国文化，加深他们对中国国情与中国和平发展之路的认同，培养其成为知华、友华、爱华的国际友人。学生回国后乃至在国际舞台上将以亲历者的身份成为"中国故事"的讲述者，帮助世界各国友人公平、客观、公正地认知中国。

涵盖以外语为专业教学语言的学科和专业，积极落实《来华留学生高等教育质量规范（试行）》中关于留学生"人才培养目标"的要求。即在语言方面，以中文为专业教学语言的学科、专业中，留学生应当能够顺利使用中文完成本学科、专业的学习和研究任务，毕业时中文能力应当达到《国际汉语能力标准》五级水平；以外语为专业教学语言的学科、专业中，留学生应当能够顺利使用相应外语完成本学科、专业的学习和研究任务，毕业时，本科生的中文能力应当至少达到《国际汉语能力标准》四级水平。

文件虽未对高职层次的留学生在毕业时应具备的汉语水平提出要求，但基于笔者所在单位开展的留学生教育实践，笔者认为，职业院校在留学生培养过程中，以中文为专业教学语言的学科、专业的留学生（一般是"1+3"项目，1年汉语预科学习，3年专业学习）在毕业时，中文能力应不低于《国际汉语能力标准》四级水平；录取时已具备《国际汉语能力标准》四级水平的留学生，毕业时中文能力应不低于《国际汉语能力标准》五级水平；以外语为专业教学语言的学科、专业的留学生应当能够顺利使用相应外语完成本学科、专业的学习和研究任务，毕业时，留学生的中文能力应当至少达到《国际汉语能力标准》三级水平。同时，在文化方面，留学生应当熟悉中国历史、地理、社会、经济等与中国国情和文化有关的基本知识，还应了解中国政治制度和外交政策，理解中国社会主流价值观和公共道德观念，形成良好的法治观念和道德意识。

三、不断学习发达国家职业教育经验

职业院校对外可学习发达国家职业教育的理念和经验，如国外优质职业院校在国际化平台建设、国际合作高质量项目打造、专业教学标准和职业资格标准推广等方面的做法，在吸收借鉴的基础上结合我国实际情况，加以改进、完善和提升。对内本科院校是我国教育国际化的先行者。职业院校在国际化发展起步阶段时，可借鉴、吸收本科院校丰富的教育资源和办学经验。鉴于本科院校在技术技能人才培养方面的经验相对欠缺，职业院校可发挥自身优势，找准契机，与本科院校合作开展国际化项目，在本科院校"传帮带"的基础上力争实现双赢。此外，国家立足于当前职业院校的办学实际，围绕办好新时代职业教育的要求，实施了中国特色高水平高职学校和专业建设计划。该计划入选院校代表着国内职业院校的最高水平，在国际化发展上走在了全国的第一方阵，是致力于在国际化发展上想所为、有所为的职业院校的榜样。

此外，政府作为高等职业教育国际化的主导者，起着宏观调控、引导和协调的作用。

第一，政府应完善高等职业教育国际化制度建设。制度建设是职业院校国际化发展的重要保障之一，应完善高等职业教育国际化的配套制度改革。比如，《中外合作办学条例》及其管理办法更加适用于本科以上层次的合作办学项目，同时，将中外合作办学限定在学校与学校之间的合作。但是高等职业教育的特殊性，决定了学校和外资企业、跨国企业之间的合作，也将是高职国际合作办学的重要组成部分。另外，高等职业教育作为技术培训和高等教育的结合体，其特殊性需要专门的规章制度对其进行规范。我国职业院校正在经历从学科导向办学向职业导向办学的过渡阶段，传统学科导向的人才培养模式往往难以满足跨国企业对人才的需求，导致跨国合作办学难以有效开展，政府应该在归纳总结现有国际化校企合作实践经验的基础上，加快职业教育校企合作政策建设，明确政府、学校在办学活动中的定位，政府尤其要为该类项目的课程合作提供便利。

第二，发挥经费引领高等职业教育国际化发展的导向作用。教育部《高等职业教育创新发展行动计划（2015—2018年）》（教职成〔2015〕9号）明确提出"支持专科职业院校到国（境）外办学，为周边国家培养熟悉中华传统文化、当地经济发展亟须的技术技能人才"。在此基础上，扩大职业院校国际化经费资助范围、提升经费使用质量应成为制度安排的重点。逐步加大区域协调发展力度，充分发挥北京、广东、上海和江苏等境外服务水平较高区域高校的辐射引领作用，不断缩减区域发展差距，提升我国职业院校现代职业教育境外服务培训整体水平。加强经费使用的分类管理，重点支持偏远地区利用地缘优势与国家战略开展国际化办学活动。此外，通过国际化办学经费在公办与民办职业院校之间的公平分配，引导民办职业院校开展国际化办学活动，充分发挥民办职业院校管理体制灵活、办学模式与市场对接等优势。

2019年，国务院发布的《国家职业教育改革实施方案》（国发〔2019〕4号）开宗明义：职业教育与普通教育是两种不同教育类型，具有同等重要地位。建设高质量教育体系是"十四五"期间高等职业教育的主题，围绕这一主题，高等职业教育将在落实《国家职业教育改革实施方案》的过程中，实施职业教育提质培优行动计划、持续推进中国特色高水平高职学校和专业群建设计划、探索本科层次职业教育，努力开创"十四五"我国高等职业教育发展的新局面。"十四五"期间，高等职业教育要扎实开展国际合作服务，实施职业教育服务国际产能合作行动，加快培养国际产能合作急需人才，提升职业教育国际影响力。紧扣国际产能合作急需人才培养这个"牛鼻子"，深入推进"中文+职业技能"教学项目，助力中国企业"走出去"。与此同时，着力加大服务保障体系和支持职业院校国际化发展力度，打造具有中国特色、世界水平的职业教育政策、制度与标准体系，增强我国高等职业教育在国际教育领域的话语权，并持续提升国际影响力。

第六章

新时期职业教育国际化的创新与服务

第一节 我国职业教育国际化现状分析

一、国际化制度建设与管理视角

目前，我国职业教育国际化的政策法规体系建设相对滞后，没有专门针对职业院校人才培养国际化的法律法规，没有具体的法律法规来优化区域职业教育的战略管理、发展规划和国际化，也没有针对中外合作学校海外交流学生管理和国际交流合作培训等具体的法律法规。实际情况是，教师国际交流的政策和项目较少，而且在引进外籍教师的标准上缺乏统一性，同时外籍教师的资格认证标准也有待进一步完善。从中外合作办学机构、留学生管理，到国际交流合作培训和专业认证，都没有切实的政策指导和规范。要想我国的职业教育国际化发展得以实现，那么很重要的一点就是要补充完善现有的政策法规。因此，今后一个时期，职业教育政策和法制建设应作为促进职业教育国际化发展的一项重要任务，但在政策制定过程中，还应妥善处理好以下两个方面的问题：

第一是中央政府与地方政府的关系，以中央政府和地方政府为职业教育国际化政策的主体，明确两者的地位和作用差异，以宏观指导和战略规划为中心，提出运行规则，根据区域职业教育发展的阶段特点和比较优势，确保国家战略的顺利实施。

第二是一般性与典型性之间的关系。在改革初期，国家相关部门很少专门制定与职业教育国际化相关的政策，其中大多数都纳入了教育国际化政策的总体制定中。但是，职业教育作为一种独特的教育，有别于其他类型的教育，其人才培养的目标和方法存在明显差异，必然要在人才国际化的内容和方法上得到体现。因此，有必要在未来的教育决策中更关注职业教育的特殊性。此外，还没有建立起有效、科学的质量控制体系，也没有重视相关的质量控制和分类指导。培养国际化专业人才的关键是要符合国际专业技能考核和资格认证的标准。

在国际上，欧盟通过评估确认各国职业教育证书在相关学科中的等同性，制定了欧洲职业教育通行证，这个通行证适用于各个欧盟国家，还没有改变欧盟相关职业教育体系的框架。因此，可以尝试建立职业资格技能和质量的国家标准，并逐步使评估标准国际化，以便有效地监测职业教育的教学质量，充分实施国际化的职业资格制度，加快国外专业资质、职业资格和学术资格的认定工作。这样的目的主要是可以规范劳动力市场，进而更有效地针对职业教育的课程和教学内容的改革和创新，使大学生能够适应国际人才素质认证体系，以获得更高的职业教育国际化水平，首先要有明确的发展思路和重点，各级政府部门和职业院校要明确自己在促进职业教育国际化和国际竞争力方面的地位和作用，但是到目前为止，我国还没有制定职业教育国际化发展规划，虽然一些地方政府和职业学校已经制定了专门的国际化发展规划，但地区主要局限在东部沿海地区，数量有限，不能全面提升我国职业教育国际化的整体水平。此外，许多职业院校并未从概念上认识到国际职业教育发展的重要意义，只是模仿和跟随其他有计划的职业院校，而没有系统地思考学校的国际化发展战略。

所以，从国家层面到各级地方政府，应尽快发布职业教育国际化行动计划，进而让职业院校有明确的职业教育国际化的内涵和发展方向，以帮助职业院校结合国家和地区特点，进一步明确其国际发展理念。这样一来，职业教育就会在国际发展战略的办学过程中，形成自身特色的国际化教育模式。美国、德国等发达国家十分重视运用法律手段和相应的制度、机制、理念，支持和确保职业教育的发展。相比之下，中国政府和有关部门虽然已经出台了一些政策，但与之相应的政策、法规和执行规则的可操作性尚不完善，如部分机构与外国机构的合作或组织学生参加国外竞赛等，由于"三公"指标的限制，一些出差被迫从"出差"转变为"请进"，影响了人才培养的效果；职业院校在国际交流与合作方面缺乏具体的政策和规定，难以保证职业教育的质量和水平，内部管理制度、激励制度等尚未到位，更多停留在试点研究阶段。此外，由于职业教育与普通教育有所区别，再加上办学的自主权并没有那么大，政府与市场还没有达到有效的统一和融合。职业院校只能通过现有的政策来考虑未来的发展，这在很大程度上阻碍了职业教育国际化水平的整体发展。

二、中外合作办学视角

当前，我国职业院校的国际化人才培养模式主要通过中外合作办学项目来进行，自身还缺乏先进的培训理念和完善的国际人才培训体系，国际化程度较低。相比之下，德国、新加坡、美国等发达国家更好地利用自身的地理和经济优势发展高等教育，结合自身积累的办学经验，本着理论联系实际的教育原则，从选择学生所学的教材、制订评估内容、建立国际教师队伍和建立校企联盟培训基地等方面，为学生提供丰富的国际平台来开阔视野，增长知识和实践技能，以实现职业学校的国际培训目标。

职业教育中外合作办学项目、机构的审批、管理和评估都由省级教育行政部门进行，然后由省级教育行政部门呈送教育部备案。按照有关规定，内地与港澳台地区联合举办的职业教育（项目）一般视为中外合作办学。职业教育中外合作办学也是我国教育的重要组成部分，具有公益性质，属于公益事业。

（一）办学规模

迄今为止，已有31个国家和地区（包括美国、英国、德国、法国和加拿大）的500多所大学与中国的大学进行了教育合作。

中外职业院校合作办学主要由地方政府推动。由于地方政府支持程度和经济发展水平的不同，地区间分布也存在一定的差异。根据目前职业院校中外合作办学机构的区域分布情况，江苏、山东、浙江、河北、上海是我国职业院校中外合作办学机构的前五个省。总体而言，中外合作办学项目（机构）在不同地区的分布不同，东部和中部地区的发展优于西部和东北地区，尤其是西北偏远地区的发展远远落后于其他地区。现阶段，我国大多数职业院校受软硬件条件和当地政策等诸多因素影响，发展中外合作办学依然面临着诸多阻力。

（二）招生制度

在我国现在的高考制度下，学生进入职业院校学习主要有两种途径，一种是通过普通高考，另一种是通过职业院校单独招生。中外合作办学作为高等教育的一种职业教育形式，必须遵循高考招生制度，但是各级地方政府在遵循国家大的高考制度前提下，也放宽了职业院校的招生渠道和招生权限，使职业院校拥有了更大的招生自主权。

（三）人才培养模式

目前，职业院校中外合作人才培养模式根据合作程度的不同分为引进模式、组合模式和一体化模式。

引进模式是合作初期较为常用的一种培训模式，是在国家规定的课程之外，全面引进外方课程的一种培训模式，课程标准和评价制度是根据外方的要求进行的，在中外合作办学机构建立初期，一般采用这种模式进行发展。

组合模式是对原有引进模式的进一步发展，在原有引进模式中，双方可以相互认证和承认相关课程的学分，同时保留双方的培训计划、课程体系和教学方法，通过相关课程达到双方毕业标准的学生可以获得文凭或资格证书。组合模式对于中方的职业院校来说，相对于引进模式更有办学的话语权，这也为进一步深入合作奠定了一定的基础。

一体化模式是中外合作办学中最理想的一种模式。双方共同制订出既符合国内要求，又符合国际要求的人才培养计划、专业标准、教学资源标准等。该模式具有高度的合作性，使学生既能接受国际教育，又能适应国内对高等职业技术人才的需求，在一定程度上是中方采取主动，以合作办学达到为我国经济和社会服务的目的。

（四）专业布局

部分职业院校在开展中外合办学项目和机构的过程中，人才培养计划和教学计划设置得不够科学。部分职业院校开设的课程，特别是引进课程，没有考虑其是否符合社会就业实际需求，一些课程也只是教授理论，在实践教学上缺乏充分论证，这样学生学习到的知识并不能完全运用到工作实践中去。另外，职业院校在开设外语类课程时，没有充分考虑外语类课程的实用性，也没有通过外语类课程去实现学生对外方专业课程学习的有效性，仅仅是为了开设外语课程而开设。

从我国职业技术教育的现状来看，职业技术教育与其定位和目标之间存在较大差距。近20年来，我国职业技术教育的发展取得了长足进步，职业技术学校的数量和高等教育学生的比例逐步提高，毕业生就业率持续上升。现在国家对教育的重视程度日益提高，对职业教育的投入也是逐年提升，目前职业院校的经费来源中有54%都是国家财政拨付。

虽然现在职业院校毕业生的就业率逐渐提高，但是人才培养质量与西方发达国家相比还是有很大的差距，职业院校培养的学生国际竞争力较弱。目前，国家教育科学研究所相关研究表明，中国的职业教育竞争力在世界上仅处于中等水平，而且中国的职业教育还面临着"生源危机"和"质量危机"，由于现在国际职业教育市场尚未形成，职业院校在没有外部环境压力的情况下，难以积极应对内部变化，难以触及学校内部的固定利益格局，提升办学质量。而推进职业教育国际化、引入外部竞争、吸收国外先进经验，正是激发职业院校生命力的重要途径。

我国职业院校经过二十多年的快速发展，一些职业院校在教育资源、办学特色等方面取得了良好的成绩。这些学校有良好的办学基础，为国际化发展做了长期的准备，有的甚至有国际化发展的条件。同时，在职业院校职业教育国际化进程中，职业院校也能起到很好的引领作用，但这并不意味着我国的专业和职业院校具备国际化办学的实力。首先，我国职业院校开展国际化必须加强自身的办学水平，并且要对专业结构进行调整，职业教育国际化的主要竞争力是高质量和高效率。其次，许多职业院校引进国际资源转化率低，难以依靠国外办学资源大幅提高自身办学水平，只能不断引进国外发达国家的先进课程体系、教学理念和管理体制，但这些先进经验尚未与我国职业教育实情相结合。最后，目前我国职业院校只是把国外的先进教学资源引进来，但是并没有做太多的本土化转化，没有"洋为中用"，变成自己的东西，这也导致我国职业教育国际化进程缓慢。

三、职业教育师资国际化视角

职业教育教师国际化的实质是培养具备国际化的理念、意识和视野的教师。因此职业院校的教师必须具备国际化的培训经验，有一定的双语或多语言交流能力，还要有较强的科研能力和社会服务能力，具有在世界范围内寻找教学资源的能力。

（一）教师个人发展与学校国际化相统一

职业院校师资队伍的国际化发展应遵循教师个人发展与学校国际化相统一、师资队伍建设与学校专业建设国际化相结合的原则以及师资队伍中外结合的原则。

首先，职业院校人力资源管理的目标是教师个人职业生涯规划和学校的整体发展合二为一。假设职业院校设定的国际办学目标合理，教师就会形成一定的认同感，这种认同感会转化为他们自己的职业生涯规划，然后个人发展潜力就会被挖掘出来，与制度和国际发展目标一致，从而形成一种协同效应，即所谓坚持教师个人发展与制度国际统一的原则。

其次，职业院校师资队伍国际化和专业建设国际化是一致的，师资队伍建设是职业院校人才培训的核心载体，这个核心需要专业建设来支撑。

最后，引进和培养教师受到同等重视，即教师是提高人才培养和专业服务能力的主力军。

培养一支专业知识稳定性强、外语能力强、实践能力强的教师队伍，引进"双师型"教师，就是引进了新鲜血液。培训与引进的统一是教师队伍国际化建设的基本原则之一。职业院校通过培养和加强教师能力建设，引入淘汰机制，始终坚持政策留住优秀教师的理念，使职业院校教师的价值观与时俱进。

职业院校想要更进一步，学校的师资队伍国际化建设必须实施。职业院校的人才培养都是通过教师来完成的，特别是国际化人才的培养，这就要求教师必须具有国际化的知识、国际化的实践经验和双语能力。所以说，职业院校要培养出国际化的人才，就必须有国际化的师资来支持。其中双语师资的问题是职业院校师资国际化的重要阻碍之一，因为双语师资的标准在每个地区不尽相同，而大多数双语师资只能作为语言课程的师资，并不能作为专业课师资。外籍教师除了讲授专业课程外，还可以担任普通的外语课程教师。事实上，就国际化人才的培养而言，语言课程和双语专业课程的教学对学生来说是非常重要的。

首先，必须确保学生在早期的英语学习过程中能够接受系统的语言训练，学生在视觉、听觉、口语、阅读和写作方面得到适当的学习和训练。

其次，没有训练有素的语言基础，学生就不能掌握专业知识。职业院校应加大对国际水平师资培训的投入，对具有优秀职业资格的骨干教师开展国际教育，如参与国际学术交流、海外研究与培训、语言培训等，提高教师的国际素质。

最后，职业院校师资队伍的国际化建设对学校教学能力的提升有非常大的意义，也是国际化人才培养的关键，因此高素质的国际化师资，是一个高职学校国际化发展的重要前提之一，如果学校缺乏国际化的师资，那么国际影响力和国际化发展必然受到阻碍。随着我国职业教育的快速发展，许多教师可以选择出国留学，以提高自己的教学质量和教学水平，但由于受到外语水平和素质的影响，许多教师未能充分认识到国外先进的教学方法、教学理念和教学模式，更不能充分吸收和转化外国教育资源，从而使我国国际化教师队伍综合素质提高难度增大。

（二）建立完善的高级教师职业教育制度

目前，我国职业院校的教师来源都是高校的高学历毕业生，这些教师缺乏国际化经验和实际的工作经验。另外，由于学校的教学任务和科研任务繁重，没有时间开展国际化培训，这也导致这些教师更偏重理论知识的掌握，缺乏对全球范围内职业的理解和国际化市场的认识。但是在职业教育发达的国家，职业院校在聘用教师时，除了要求教师掌握一定的理论知识，更重要的是要有在国际企业中的工作经验和专业技能。我国职业院校对外聘教师没有建立完善的高级教师职业教育制度。职业院校国际化人才培养队伍建设滞后的根本原因在于：一是国际化教师教学水平缺乏监管体系；二是国际化教师教学能力缺乏考核体系。

职业院校的国际化师资，理应是兼具国际化能力和本土化特点的，但是，在实际操作中，职业院校要想培养国际化的人才，只保证教师具有国际化能力就可以了。那么职业院校培养国际化师资的工作应怎么开展呢？首先职业院校要搞清楚什么是国际化的师资或者什么是师资国际化。就像前文所述，一是要具有国际化的理念、技能和视野，又要有丰富的教学经验，完成课堂授课。二是要做好教师培训工作，采取"外部培训、内部引进"的方式，建设一支国际化的教师队伍。一方面，职业院校要有目的地选拔合适的教师出国教学考察、参加国际学术交流活动、继续深造，在国外职业院校开展科研合作，拓展教师的海外知识，更新教师的知识结构，增强教师的国际培训意识；另一方面，通过系统地培训将专业教师教育和实践课程转移到国际企业或组织进行专业技能培训，让现有在职教师了解和接触工作中的操作设备，提高操作能力和实践能力，培养他们的实际操作技能，也可以加强现有在职教师的技能。还可以通过引进社会中的国际化技术人才担任职业院校的兼课教师，作为学校师资的一个补充。

（三）加强职业院校教师的国际交流与合作

近年来，随着我国教育教学改革的迅速发展，中小学、大学和社会教育机构越来越重视外语教学，对外籍教师的需求也越来越大。为适应引进外籍教师供我国使用、服务学校教学和科研、服务学校学科建设的宗旨，全国高校加大了外籍教师的招聘力度，职业院校也纷纷效仿，克服自身困难，拓宽就业渠道。据了解，目前职业院校的外籍教师，尤其是西部地区，主要是美国和中国的志愿者计划的美国教师。也可以短暂聘用外籍教师来给本校教师作短期培训。

我国职业院校的国际交流与合作工作起步较晚，大部分职业院校仍然把提高学校的硬件水平，如改善办学条件、扩大办学规模、增加招生数量等作为工作重点；而对学校的软件建设如教师队伍的国际化发展缺乏足够重视，明显存在着自主意愿缺乏和内在动力不足等问题。具体表现为教师境外交流访学比例较低，拥有国外学历学位的比例更低；教师外语水平普遍不高，语言交流有障碍，国际交流能力较弱；聘请的外籍专家以语言类为主，数量较少，学术水平和科研能力偏低，且以讲座和短期交流居多。

四、职业教育学生国际化视角

（一）本土学生国际化交流与学习

从职业院校国际合作与交流办学的总体情况来看，现有的国际合作、合作办学项目中，涉及的专业主要是水平相对较低的工商管理、财经类等，而国外合作方一般是普通高校或培训机构，大多是外国教育机构和普通高校。而我国的职业院校充当的主要角色就是为这些普通高校和机构输送我国的毕业生去留学。另外，虽然我国的职业院校与其他国家的院校建立了合作关系，但是这种合作关系仅仅是以国外院校盈利为基础的，很少有双方院校积极合作开发教学资源和技术攻关等。还有就是职业院校的国际合作项目往往以自费形式将选定的学生送往海外院校或企业学习、交流或实习三个月至六个月，这种短暂的经历只能以完成国际合作培训目标的形式出现。事实上，这种层次的国际合作交流和办学项目根本不能满足学生学习国际专业知识和掌握一般技术的需要。因此，国际合作交流与办学项目的规模和水平现在都还处于低水平状态。归根结底，目前职业院校国际合作规模小、水平不高的主要原因是我国职业院校对国际合作的规划不够长远，站位不够高。高校国际合作项目最明显的表现是公益性、价值性和效益性。但是比普通专业高出一倍的学费和其他高额条件使高校的国际合作与交流以及学校和项目的办学变相成为富裕家庭学生的国际化的经历，阻碍了那些希望通过国际合作教育或海外经验交流来提高自身整体素质的学生。而且在职业院校开设的留学项目中，一些学术和非学术培训项目的认证没有明确规定，大多数学生只能单纯完成联盟培训模式，由于教育体制的不同，这些联盟培训并不能真正实现2+2、3+1等理想模式的培训目标。由于一些职业院校想要快速取得国际化的成果，他们所开设的一些合作交流项目没有制订或规划出具有法律效力的文件作为约束条款，导致与国外高校签订的国际合作合同内容不充分、不严谨，不能保证学校培养目标的实现，不能保护学生的个人利益。

另外，虽然海外留学经历给学生带来了许多好处，但对于大多数学生和学校来说，高昂的学费仍然是一个实际问题。如果交换的资金由学生单独承担，那么这种交换的好处总是有限的。深圳职业技术学院在"推进国际化工程"中明确将"留学生体验"纳入工作计划。在上海教育发展的"十一五"规划中，"政府将设立专项资金支持大学生出国留学"。许多学校开始想方设法为学生提供各种各样的海外经历，或者交换学生，或者分担一些费用。因此，尽管我国已经实现了高等教育的大众化，但仍然不能满足人民群众的需要，相当一部分经济条件不被允许的家庭，仍然希望通过出国留学获得更好的教育资源。职业院校中类似的国际交流经常被学者批评是预备班和外国教育机构的资源基地。然而，高职学生出国留学主要通过学校的海外友好学校渠道进行，在高职学生升学其他渠道尚未开放、国内教育资源不足的情况下，如何平衡学生需求与教育资源短缺之间的矛盾，亟待解决。同时随着经济全球化的加快，国内外劳动力市场将成为职业院校毕业生就业的选择。从教育经济学的供求理论来看，需求方最了解教育产品的优缺点，也就是说，商界作为产品的使用者，最了解其教育制度培养的学生的全球竞争力。

（二）来华留学生的交流与学习

招收来华留学生以前主要集中在普通高等院校中，但是这几年，来我国职业院校学习的留学生数量不断增加，生源国数量也在增加，可是我国职业院校招收外国留学生的总体规模并不大，而且地域区别较大，西部地区明显落后于东部沿海地区。在学生来源方面，主要集中在"一带一路"沿线国家和非洲国家，占80%以上。由于我国长期坚持睦邻友好的外交政策，学术上倾向于支持亚洲国家，所以亚洲国家的留学生越来越多，尤其是来自东南亚国家的留学生，近年来，泰国、越南、印尼等国家的留学生人数增长迅速。这些学生可以从资金来源上分为两类：一类是享受政府奖学金，另一类是自费学生。

在华留学生有两种类型：具有学位的留学生和高级培训生。目前，职业院校仅限于专科层次，没有便捷的发展渠道，奖学金渠道少，招生吸引力不强。在留学生招生工作中，一些职业院校充分发挥高素质和专业优势，做了很好的探索。例如，威海职业技术学院在过去三年中接收了54名韩国学生，学习了半年的汉语，并在对韩友好的学校举办了短期交流项目，共有191名韩国学生和12名教师来到该学院，进行了为期7~12天的中国语言、书法、美术、中国烹饪和中国建筑等方面的文化交流。当前职业院校外国留学生群体具有以下特点：第一是时间短，多为短期交换生，第二是人数少。对于绝大多数职业院校来说，留学生还是一个新生事物，每学期都有几十名留学生的学校比较罕见。第三，区域窄。大多数留学生来自学校附近的国家或地区，文化和风俗习惯都有很大的不同。因此，职业院校会对这样极少数的留学生给予关怀、体贴。但是，这些特点并不意味着不需要总结和改进文化适应、跨文化冲突和管理细节。

第二节　职业教育实践教学模式的创新

一、校内实习公司实践教学新思路

（一）开辟实践教学新通道

校内实习公司有机地将学校的教育属性和企业的生产经营属性融合在一起，不但较好地解决了校外实习基地企业参与人才培养积极性不高、程度不深，功能发挥不够，学生难以接触到核心技术，实习内容与教学内容相互脱节，学校缺乏企业实习实施的主导权，人才培养方案难以展开等消极问题；还解决了校内模拟实训缺乏真实的企业环境和企业的文化氛围，学生感受不到真实市场的竞争压力，难以培养有市场竞争意识和危机感、紧迫感，仿真工件和模拟操作缺乏产品和操作的标准化管理的实战性，实践教学效果无法与真实性企业相比拟等弊端，有效缓解了企业有效参与人才培养的基地匮乏的压力。

（二）探索素质型人才培养新范式

探索了一种"学术性与职业性相统一"的素质型人才培养的新范式。人们通常将以理论教学为主、侧重于培养学生探究能力的教学，定位为培养学术型人才；而把以实践教学为主、侧重培养学生职业岗位操作技能的教学，定位为培养职业型人才。当今学术型人才缺乏操作技能、职业型人才又缺乏发展后劲的状况，为人们所广泛关注和担忧。校内实习公司实践这一教学新模式在一定程度上使这一问题得到了解决。在真实公司中按照产品标准、操作规范、作业流程的操作行为，培养了学生的岗位操作技能，印证了自己的知识或解答了与已有知识不相符的问题和困惑；在集中学习和交流讨论中分享了他人的认识，丰富了自己的知识；在"工学交替"的循环往复中，巩固、丰富或修正、完善或推倒重新建立自己完整的观点和完善的知识系统。从而，实现了"职业性与学术性相统一"的素质型人才培养。

（三）形成职业教育改革的新思路

首先，校内实习公司是一种职业教育实践教学的新理念，其特质在于具有自身鲜明的目的性，蕴含了主动学习的教育思想。其目的是培养学生操作技能、思维能力和综合素质,并为今后的职业发展奠定基础。其次,校内实习公司是一种育人的新模式,其特质在于包含了实践与教学的结合和交替。这种模式是保证其目的实现的特定模式。最后,产生一批标志性质量工程项目和成果,包括教育部"高等职业学校提升专业服务产业发展能力项目"重点专业、省级示范专业;国家级实训基地、省级实训基地;建设了国家级精品资源共享课程、国家级精品课程等。

(四)提升学生的综合素质

职业院校实践教学的目标取向是促进学生职业素质养成,而职业素质主要体现在职业思维、职业成熟度、择业效能以及就业质量等方面。实践证明,校内实习公司实践教学模式,使得学生的精神世界在企业文化中得到了熏陶,有利于学生树立市场意识和竞争意识,也有利于培养学生形成主见,更有利于实现学生毕业顺利上岗。学生职业成熟度测试表明,校内实习公司的实践教学,有利于学生职业成熟度的提高。"职业成熟度问卷"调查显示,实验组学生在职业成熟度总平均分及职业认知、自我认知、职业态度、价值观念、职业选择和条件评估上的平均得分,都显著或非常显著高于对照组(判断依据是显著性水平 $P<0.01$ 或 0.05)。学生择业效能感测试表明,校内实习公司增强了学生的择业效能感,并且与实习时间的长短有密切关系。"择业效能感问卷"调查显示,实验组学生在择业效能感总平均分及自我评价、制订计划和问题解决上的平均得分,都显著或非常显著高于对照组(显著性水平 $P<0.01$ 或 0.05)。结果还显示,学生在校内实习公司实践时间长短与职业成熟度总量表及自我认知、职业认知、职业态度、职业选择价值观念和条件评估得分均值之间存在一定程度的相关性,并且其相关系数分别达到了显著或非常高的水平(显著性水平 $P<0.05$ 或 0.01)。学生整合思维评价表明,校内实习公司对实习学生所实施的职业实践教育,有利于其整合思维能力的提高。"整合思维评价问卷(普通版)"调查显示,实验组学生在整合思维总平均分及辩证性倾向、批判性倾向、理性权衡方法和理性综合方法4个维度上的平均得分,都显著或非常显著高于对照组(显著性水平 $P<0.01$ 或 0.05)。

(五)产生示范带动效应

农工商学院"校内实习公司"以"实习超市"为起点,不仅在校内逐步拓展到了各专业,相继创设了"方舟财税事务所""天博网络技术团队""电子装配工厂""邓老凉茶连锁分店""花卉超市""骏怡汽车维修店""法律援助中心""纯净水生产车间""食品营养驿站"等生产经营实体,这种实习模式引来国内外教育同行的参观、交流,并指导或推广至多所职业院校。

"校内实习公司"的实践教学模式从实践中来,并有系统的理论指导与支撑,对学生综合素质的提高意义重大:一方面,实践本身所蕴含的诸多因素对实践能力的发展起着促进作用;另一方面,实践活动的结果对个体实践能力的发展起着迁移、推进作用;再者,对于高等职业教育来说,实践教学也是职业教育的应有之意。从更高层的意义上讲,人的主体性是通过实践教学得以体现的,实践教学还是实现人的全面发展的根本途径。而"校内实习公司"为实践教学提供了新的可能性和更强的、更方便灵活的途径。

建构主义"主动学习"的哲学思想,为校内实习公司提供了"交替式"学习的重要依据。"校内实习公司"这种接触事物——思考或发现问题——搜集解决问题的信息——思考并形成解决问题的方案——再次接触事物……反复多次的"交替"过程,不仅有利于学生知识的融会贯通,也提高了学生的操作技能和职业能力。将教学置于真实情景之中,采取实践与理论教学交替进行的形式,也是职业教育培养技术技能型、创新型人才,实现学生就业无缝对接和培养学生提高综合素质的重要途径。

教育家陶行知"生活即教育、社会即学校"和"教学做合一"的思想为校内实习公司"边干边学""教学做一体"提供了教育学的理论依据和实践指导。

作为高等职业教育实践教学的一种创新模式——校内实习公司,农工商学院对其进行了积极、有益的探索,从实践范式到理论成果都有较好的收获。然而,不足也是存在的,有些问题还需要我们进一步思考研究,如在校内建立生产经营性公司(基地)的国家政策依据、主办学校的规范管理及高等职业教育专业的普适性等。但我们相信,只要坚守目标和不断完善,必将使校内实习公司在提升学生职业素质和推动教学改革方面发挥更大的功能。

二、职业教育实行导师制的探索与实践

实行导师制,与职业院校国际化有关吗?回答是肯定的,实行导师制是职业院校国际化进程中的自我创新。职业教育是高等教育的重要组成部分,是推动中国高等教育大众化进程的重要力量,对提高国民素质和增强国际竞争力有不可低估的作用,因而成为社会、政府关注的热点。作为职业院校,如何积极推进改革与发展,培养人才,快出人才,出好人才,始终是摆在当前的首要任务。然而,通过中外职业教育教学模式的学习比较发现,中国职业院校人才培养班建制的普遍特点是"专业人数多、班大、批量化",影响"出好人才",也无法因材施教、个性化培养,尤其是对于需要"手把手教、项目引导"的文

科类专业而言，是相对"瓶颈"。这一问题该如何破解？农工商学院承担新世纪广东省高等教育改革工程项目课题工作，对职业教育市场营销专业的学生进行指导教师负责制（以下简称"导师制"）培养模式的探索与实践。

（一）职业教育学生学习的潜在需求

1. 学生个性成长与适应新学习环境要求的反映

学生从中学（职中、中专、中技）进入高校本身是一个大跨越。在这个跨越中，中学的学习模式、学习方法、思维方式等都与高校不相适应。面对更为开放和广阔的学习环境，他们对自己所学专业知识结构的认识还相当模糊，对职业前景与个人发展定位还不了解。而且，处于十八九岁的学生们，个体身心正处在蓬勃发展的黄金时期，独立自主的意识已逐渐觉醒，思维活跃，灵感丰富，对实现自身的价值充满着憧憬与渴望，可有时又感到茫然无所适从，因而渴望有名师的指导。这种情况，实行学分制后将表现的更为明显。

2. 现行"班建制"课堂运作模式不足的反映

"班建制"，这种沿袭300年的传统的课堂运作模式是以共性教育为主体的模式，教学方法仍然是"学生排排坐，教师全堂灌"，无法真正发挥学生学习的主动性和积极性、创新性和实践性。而且，"一样讲稿，一种方式"，无法满足充满个性的当代学生。其不足在高校扩招以后特别明显：一方面是高校实行扩招后，教师资源普遍处在临界状态甚至是超负荷状态，专业教师授课班级较多，导致在课余时间和学生接触比以前更少甚至没有。另一方面是政治思想辅导员或班主任工作的局限性，所管辖的班级人数较多，而且多半从管理和政治思想教育的角度做工作，很少甚至根本无法从专业角度、个性发展方面给予学生指导。

3. 职业教育特殊性内在要求的反映

职业教育是以就业为导向的教育。它以培养高等技术应用型专门人才为根本任务，以适应社会需要为目标，以培养技术应用能力为主线，设计学生的知识、能力、素质结构和培养方案。所培养的学生应具有良好的职业道德和敬业精神，具有基础理论知识适度、技术应用能力强等特点，毕业就能"顶岗胜任"。职业教育的特殊性说通俗一点，就是"技艺教育"，如同音乐、美术类教育一样，需要建立一种"一对一"的教学关系，以获取专业教师的更多指导。另外，这种教育从本质上讲，也需要有像企业里"师傅带徒弟"的职业技能培养方式作补充。

4. 中国职业教育发展现实要求的反映

职业教育在西方发达国家取得较好的成功，其中一个原因是专业班小、人数少，如德国"F+U"职业教育中心，一个市场营销专业或汽车装饰专业的学生不过是十来人，无论是校内授课还是校外进行实训实习都能较好的安排，而且能得到专业教师或师傅的具体指导。但在中国，职业院校的特点是专业班大、人数多，同一专业学生人数少则五六十人，多则一两百人，处于"批量生产"。如果说仅仅是一般知识的传授与学习尚可，但作为某种技艺学习怎么能行？每个专业的学生规模大，校内专业教师难以全面指导，而企业接纳实训实习则难上加难。这样，学生的技能训练与职业能力提高就难以实现。

事实上，当前，中国正在加快发展高等教育大众化，在办学规模不断扩大的同时，如何保证教育质量，如何更快地培养高质量的急需人才，已成为社会关注的热点问题。因此，认真研究借鉴一些发达国家的做法和经验，对促进中国高等教育协调健康发展是非常有意义的。

（二）职业院校导师制的探索尝试

导师制被公认是一种先进的学生指导制度。牛津大学为英国的发展和世界文明的进步做出了卓越的贡献，曾培养出36位诺贝尔奖获得者和29位英国首相，成为世界一流大学。其成功得益于重视创造并推行导师制，由导师负责指导学生的学业与品行。这一做法，国内大学也先后仿效。但就目前来看，导师制习惯上还只是用于硕士研究生和博士研究生层次，仅有少数院校在本科层次教学中试行。

实践证明，职业教育推行导师制，对教师而言，既增强了责任感，又增加了交流机会，促进教学相长。对学生而言，一是明确学习与职业发展方向。建立导师制，可以使学生通过教师的个别辅导，落实专业的定位，获得选课的指导、学习方法和职业技能，树立正确的就业观和明确奋斗目标，努力使自己成为知行统一、脚踏实地的人。二是创造了互动的学习环境，学生既能更好地发现个人潜能，又能相互促进。三是能提升学生的专业技能、沟通和交流能力。导师制为学生熟练运用笔头、口头语言有效表达思想，以及培养团队合作精神创造了客观环境。学生可以在导师的指导下，经常开展交流活动，探讨问题，并在导师指导下完成有一定质量的调研报告或科技制作，为撰写毕业论文或完成毕业设计奠定基础。四是可以获得较多的、有针对性的社会实践与就业机会。导师结合自己的研究课题，或利用与行业协会、企事业单位的合作关系，组织或安排学生进行市场调查、产品开发或营销策划等，培养学生的创新精神和职业素质，从而得到企业认可而获得就业机会。对学院教学改革而言，创造了"从游"教学模式，让学生学习像小鱼跟随大鱼学游泳一样，促进教育多样化、灵活化和个别化。甚至可能创造出一种"师兄师姐"带"师弟师妹"的规模效应，即由高年级学生带低年级学生，全专业各年级化整为零指导，从而进一步解决职业院校扩招后教师资源紧张的问题。

（三）完善职业教育导师制工作重点

职业院校实行导师制的探索是富有意义的，存在的不足与问题，也是可以改进和克服的，关键是从认识到制度设计要进一步提升、完善。

1. 正确认识、统筹安排

导师制由研究生层次"下移"至职业教育是一种尝试，使职业教育由"批量式"培养转为"分流式"培养、个性化教育，目的是加速高职人才的培养，出好人才，快出专才。当然，这种培养技术技能人才的导师制与学术型的导师制，无论要求还是实现途径都是不同的。职业院校要彻底变革传统的教育思想与教育观念，调动每一位教师参与教学改革的积极性，使新的符合职业教育规律和人才培养目标的学生指导制度为每一位教师所理解、所接受。并且，各职业院校宜试点推进，总结完善后再全面普及，待条件成熟后还应适当减少课内教学时间。

2. 选好教师

选聘好导师是顺利实施导师制极其重要的一环。而在这一环，严格把握选聘条件又是重中之重。一般来讲，职业教育的导师应具备三个方面的条件：一是政治素质好，责任心强，积极上进，严于律己；二是具备"双师型素质"，即专业知识扎实，实践能力强，与行业协会等有较好的协作关系；三是熟悉导师职责和工作要求，真正愿意承担这份工作，并且有一定的组织管理能力，善于做学生的思想政治工作。考虑职业教育的师资条件及办学规模，导师与学生的比例可按（1∶10）~（1∶15）配置。

3. 实行"双向"选择与淘汰制

实行导师制，学生以自愿为原则。学院公布每个指导教师的专业特长，学生凭兴趣选择指导教师。完成指导教师制订的学习计划后，给予一定的学分。而指导教师也按自己的标准选择学生。对不符合要求的学生，应允许指导教师取消其资格。实行"双向"选择与淘汰制，有利于实施导师制工作顺利进行。

4. 导师实行聘任制，津贴与奖罚并重

导师工作是一项创造性劳动。其价值在于帮助学生建立正确的理念与方向，正确地选择与放弃，学会学习、学会生活、学会处理人际关系，切实掌握职业技能，使学生成为社会需要的、高素质的综合应用型人才。但是，这些劳动成果是很难用简单的数字来衡量的，而且导师工作在很多情况下是在业余时间进行的。所以，对导师的工作要给予极大的支持和理解，做出合理、公正的评价与奖励。导师在受聘期间，应给予适当的工作量，享受课时津贴；定期考核，奖罚分明。对工作成绩突出的导师，给予表彰与奖励。对未尽到责任的导师，应取消其导师资格。导师工作业绩记入教师年度考核档案，作为教师评职称的重要依据。

5. 导师制工作重点是实践能力培养

职业教育是以就业为导向的教育，特别注重培养学生的职业能力和专业技能。这一点不同于硕士研究生和博士研究生层次的导师制。这次调查结果也说明了这一点。在"你最希望导师给予哪方面的指导"问题中，40%的学生认为是"社会实践"，而"专业知识""学习方法""学习兴趣"依次为29%、18%、13%。另外，在回答"你对导师有何建议或要求"时，许多学生希望在"未来就业方面给予指导"，而且从问卷上看，越高年级的学生在这方面的要求越明显。这表明，学生更希望导师能在社会实践和就业方面给予指导。

第三节　促进中国职业教育国际化策略

一、政府统筹高等职业教育国际化建设

（一）政策支持

政府在政策制定和规划决策上的不完善和未落实落地，是制约目前我国职业教育国际化发展与建设的重要因素之一。为合理制定出符合职业教育国际化建设实际的政策与规划，为职业教育国际化建设提供切实的保障，建议具体做法如下：

第一是有选择性地借鉴国外职业教育发达国家的经验，制定相关的促进我国职业教育国际化发展的法规和条例。职业教育发达国家，以西方发达国家为主，他们在职业教

育领域制定的法律制度健全完善，且能贯彻执行到底，落实到位。相关政策在制定先后问题上都是具有连续性与稳定性的，通过颁布这些政策体现政府对教育国际交流与合作的支持。政府需要针对我国目前职业教育国际化建设的现状和困难，制定相应的政策法规，解决最急需、最棘手的问题，替职业院校国际化建设多出政策，多出良策，消除职业院校开展国际化建设的后顾之忧。

第二是坚决贯彻各级政府制定的有关职业教育国际化建设的规划和法律条文。当前国家和各级地方政府与相关教育管理部门都相继出台了许多指导、管理和促进职业教育国际化建设的政策法规。无论是国家宏观层面的大的政策制度，还是各级地方政府制定的管理办法，政府都应该强化监督职能，确保这些政策法规能够落实落地，甚至可以成立督导队伍，对政策法规的执行情况开展进一步的督导，保证政策畅通、执行有效，从而保障职业院校国际化建设工作的顺利开展。

（二）资金支持

职业教育发达国家为了发展其职业教育国际化，通过各种渠道投入了大量的资金资助，这样方能满足职业教育国际化的需要。而在职业教育国际化建设的前期，需要大量的资金支持，职业教育国际化建设才能向着良性轨道前进。开展职业教育国际化建设需要国家和各级地方政府、教育行政主管部门站在国家国际竞争视野上来看待，职业教育国际化是国家战略发展的重要一环，在资金上需要给予职业教育重要的支持，要通过多种渠道，筹集职业教育国际化建设的资金。

另外，目前虽然国家支持职业教育国际化建设的投入，但绝大多数却没有明确地单独分列出来，各级地方政府、教育行政主管部门应当独立设置院校专项职业教育国际化建设资金，用于学校国际化建设发展。比如在教师出国进修、教师专项培训、参加国际学术会议、学生赴海外实习、引进外籍专家学者来校讲学、引进国外原版教材等方面都需要大量资金运作。所以各级地方政府、教育行政主管部门应当设立独立的资金渠道，为职业教育国际化建设正常开展提供保障。还可通过其他渠道吸引社会资金、民间资本加入进来，实现资本多元化。

同时还可以制定鼓励性资金政策。各级地方政府、教育行政主管部门应发挥应有职能，制定激励与鼓励的资金政策，具体可通过奖励性的项目资金等方式来实施。如为职业院校国际化建设提供专项的奖励性资金支持，对开展职业教育国际化建设做得好的院校进行资金奖励，进一步加大和拓展职业教育国际化建设的投入，同时提高职业院校参与国际化建设的积极性。

（三）加大宣传

各级地方政府、教育行政主管部门在职业教育国际化建设中承担着推动者、督促者的角色，理应发挥自身的宏观调控职能，进一步放宽职业院校的自主管理权，在职业院校管理与监督上应当有所为和有所不为，建立灵活的管理监督机制，减少政府和教育主管部门的行政干预，把职业教育放归到市场中去。这样职业院校在办学方面才可以根据社会的需求，加上各级地方政府、教育行政主管部门的指导，办出特色，办出国际影响力。扩大职业院校办学自主权，让职业院校成为办学的主体、管理和创新的主体、院校内部事务决策和执行的主体。可在教师招聘上让职业院校自主进行、在选录学生上让职业院校自主决定、在管理体制上自主改革、在办学模式上允许学校自主创新、在校内经费上允许院校自主分配。

同时各级地方政府、教育行政主管部门还要加大对职业教育国际化建设的宣传力度，充分利用多种媒介，例如自媒体、网络、纸质传媒等手段进行宣传，让企业、社会、普通社会大众认识到职业教育国际化建设的必要性、紧迫性与重要性，充分认识到职业教育国际化的重要意义与价值，提高职业教育国际化建设的认可度，增强国际影响力，为职业教育国际化建设营造有利的环境。通过宣传让院校真正理解参与国际交流与合作的必要性，加强院校与社会对国际交流与合作的重大意义的了解，让职业院校深刻认识到国际化建设不只是能带来眼前的利益，而是能够促进院校的长远发展的。

二、职业院校国际化内涵建设

（一）更新国际化发展理念

职业院校国际化发展是我国职业教育面向世界的重要手段，也是必然趋势。高等职业教育国际化作为一种理念，也是一种超前意识，是随着经济全球化的推进而出现的，属于新生事物，很多职业院校对此难以理解且没有国际化意识，然而职业教育国际化已成为一种不可逆转的历史潮流，必须认可它、适应它、利用它，因此，职业院校要加强宣传，统一思想，用国际化的视野和战略思维办学。

首先，我国职业院校的发展，要敢于冲破传统观念的束缚，充分重视和认识国际化的重要性，这需要学校的领导者加强学校的顶层设计，明确国际化建设在学校发展中的促进作用，根据自身现状和自身办学特色，明确自身的国际化办学方向，即要通过自身国际化建设来使学校达到一种什么样的办学目标和最终成效，确定战略发展方向，制订学校的国际化办学长短期发展规划，让全校上至校领导下至普通学生都达成共识，引领学校国际化建设的发展目标，要以发展的、动态的、国际化的眼光开展国际化建设，提高院校国际化办学水平。目前许多职业院校都缺乏专门设置的国际交流与合作管理机构，职业院校应该设置独立的国际处或外事办公室，专门负责学校国际化战略规划、方案起草，同时已有外事处或国际处的院校，还需要改变外事机构的工作方式，提高开放程度，加强管理能力，继续发挥产、学、研职能和国际市场开发功能。

其次，职业院校要树立教育资源优化与共享的观念，认真学习和借鉴国外先进的国际化教育思想，通过"引进来""走出去"两手抓的手段，充分重视和认识国内国际两个市场、两种资源，树立教育资源优化与共享的观念，认真学习和借鉴国外先进的国际化教育思想，以学校自身办学特色为出发点，在国际化建设中凸显自身特色，并结合学校的实际情况探索自身发展路径，促进国际化办学目标的实现。

（二）培养国际化教师队伍

职业教育国际化发展趋势的其中一方面就是国际人员往来更加密切，社会和职业院校更需要的是具有国际化素质、通晓国际规则惯例、知识与技能兼备的复合型人才和国际化师资。具有国际化素质的师资队伍是职业院校进行国际化办学的重要指标之一，也是培养国际型、复合型职业技术人才的先决条件。

职业院校对现有教师开展国际素质培训，可以通过设立国家留学基金委、地方政府留学项目、校级长短期留学等形式，也可以设立专项培训项目和资金，鼓励他们参加国际学术会议，参与国际学术科研，定期与不定期出国考察、访问，为教师创造出国学习和交流的条件。这一方面可以增强教师国际化素质，拓宽国际化视野；另一方面也大大地提高了教师参与学校国际化建设的积极性。在培养国际化师资队伍的时候，还可以在最开始招聘教师时，聘用具有教授国际化课程经验的留学归国人员或者具有相关国际化背景的人员，这样可以大大缩减国际化师资的培养周期，也节约了培养成本。同时可以通过长短期聘请的方式，在学校教学、科研、学科建设及管理方面引进急需的高级人才，吸引外国专家、学者来校从事教学与管理的工作，并为他们提供舒适的住宿条件、适当的物质待遇和和谐的工作环境；把海内外知名学者教授请进来，并留下来与学校的教师组成的专业队伍共同管理、推进院校国际化建设，打造国际化专业师资队伍。本土化培养和请进来两手发力，共同培养出高素质的国际化师资队伍。

（三）教学资源国际化建设

实现职业教育国际化的重要条件之一就是实现教学资源的国际化，设置与国际接轨的相关课程，就是培养符合国际需求人才的重要途径。构建国际化课程体系、引进国际教育资源、教授国际化课程是培养国际化人才的重要方式。构建国际化的教学资源即是在国际化的要求、目标、形式和措施方面必须坚持从本地实际情况出发，开设适应中国学生的国际化课程，不能盲目引进国际课程，要本土化与国际化相结合，开设的国际化课程要在真正意义上有助于提高职业院校的国际竞争力和提高学生对院校国际化建设的兴趣。一方面可以开设语言培训与交流课程，语言培训中也使用国际教材；国际化课程中必不可少的是外国语言学习课程，采用国际教材和双语教学方式，建立外国语交流实践场地，为学生营造良好的国际语言环境，提高国际语言运用和交流能力。另一方面，可以开设有关国际礼仪、国外人文历史等文化课程，通过这些课程的学习，学生能够了解和理解他国文化的特点，增加对异国文化的认同感。还可以开设相关的国际化专业课程，使教学资源达到国际化水平，例如通过开设国际贸易理论与实务、国际经济学、国际政治学、管理学等相关课程，让学生了解国际发展现状和趋势。

（四）建立质量保障机制

职业教育国际化建设中，必须保障国际化建设效果，不能搞空架子，建立评估与保障机制是保障职业教育国际化建设的关键环节。只有建立了质量保障机制，才能有效保障国际化建设的成效。可以从以下几个方面来加强质量保障机制的建立。一是院校内部进行自我评估，对院校实际情况、办学条件、软硬件设施进行全面评估，根据自身实际情况开展适合自身的国际化建设方案；二是采用定期或不定期的方式对院校开展的项目进行自查，防止国际化建设项目走过场与流于形式，对开展的项目现状与成效进行评估，及时发现国际化建设项目开展过程中出现的问题，分析存在问题的原因和影响因素，并且建立应急机制，应对突发的问题和情况；三是对于合作开展顺利、适应院校自身的国际化建设，并且取得实际成效的项目，应该加以肯定并给予一定的鼓励或相关支持，对效果不好的国际化建设项目，实行退出机制，只有认真开展成果评估，才能把好质量评估最后一关，从而保障院校国际化建设的整体水平。

三、扩宽国际化建设项目渠道

当今社会已步入信息社会，时代的发展呼唤职业院校国际化建设，需要掌握最先进的信息，取得最高效的发展，因此，职业院校的资源和信息渠道是其国际化建设的重要砝码。拓宽国际化建设项目渠道主要通过构建国际合作平台、职教集团和国际交流民间组织进行。

（一）国际合作平台

一个地区的职业院校发展不均衡是很常见的，在这种背景下，各级地方政府和教育主管部门可以牵头成立或者让职业教育国际化建设较好的院校牵头成立国际化发展合作平台，利用政府或者发展好的职业院校的国际化建设资源和渠道，开展帮扶带助其他地区的职业院校。可以在国际化建设的战略规划、机构设置、模式开展、形式选择、国际化教师培养、成果巩固等方面对刚起步或者发展缓慢的职业院校提供帮助和支持。国际化发展刚起步或者发展困难的职业院校也要积极主动地加入现有的国际交流平台，开展多种形式的交流合作。另外，教育主管部门还可制定鼓励国际化程度高的院校开展帮扶资助院校的倾斜政策，实现参与平台的院校的联合办学、学分互换，让国际交流与合作成果惠及更多的学生，促进整个区域或者地区的职业教育国际化建设的平衡发展。

（二）职教集团

以行业为纽带的职教集团和区域性的职教集团是目前我国最主要的两种职教集团模式。在职业教育国际化建设过程中，为跨国企业输出国际化人才是职业教育国际化建设的主要目标之一，而单凭院校各自为战，去发展接触跨国企业，是较为费力的。如果发挥职教集团的优势，进行资源共享，那么，就能在国际化建设上达成资源共享，如职教集团其中一所院校引进了某一行业的国际先进的理念、教学方法、国外教材、优秀的师资等资源，可以在职教集团平台发布，让其他集团成员能够借鉴和学习，以提高职教集团整体的国际交流与合作水平。同时由于职教集团是由职业教育办学机构、行业、企业组成，其中还包括一些大型跨国企业，组成成员多样，数量也较多。职教集团内部的每个成员都有着不同的与自己办学特色相对应及和行业相关的领域的合作伙伴，而国际化建设资源方面可以在职教集团内部进行资源整合，将更多的职业院校合作交流对象联系在一起，形成一张密集的关系网，共享职教集团内部资源。虽然参与职教集团的不同职业院校具有不同的特色，但是在开展国际化建设的形式与内容上都有不同的特点，职业院校在合作内容形式上也有诸多的相同点，在资源上可实现共享。还可以利用职教集团的优势扩大宣传，职教集团作为一个整体宣传其国际影响力，必将是一个资源丰富、实力雄厚，具有地区和国际影响力的团体，也就能带动每一个参与职教集团的职业院校的国际化建设顺利进行。

（三）国际交流民间组织

中国教育国际交流协会成立距今已有 30 多年的历史，它在各级地方都有分支机构和二级协会，是中国规模比较大的教育部直属全国性社团组织之一。与它类似的还有另外四个专业工作委员会，其中高等职业技术教育委员会与职业院校是关联最直接的机构。这些民间社会团体的特性主要是分布广泛、运作灵活，职业院校参与这些民间组织可以进一步获取到相关职业教育国际化建设的资源，例如利用这些民间组织分散在全国性的特点，发挥它在信息收集、汇总、发布方面的作用，获取国际合作项目；还可以利用它们的专业性与广泛的国际化人才资源，引进相关国际化建设的专家和学者，也可以让职业院校进行专业培训与技能训练；还能利用这些民间组织的中介资源，实现资源内外部整合，优化合作成效。

第四节　探索输出优质职业教育资源

一、策划组建专业教育国际组织

实施职业教育"走出去"战略，积极向我国港澳地区以及东南亚等地区输出我国优质职业教育资源，加强对外交流合作。支持国家示范职业院校主动参与中资企业境外员工的人才培养、职工培训、技术技能提升等工作。支持职业院校增加接收境外留学生，提升我国职业教育国际竞争力和影响力。可以说，凭借自身办学优势、主动服务产业的同时，创造条件输出优质职业教育，提供中国方案、提高职业教育国际话语权，是职业院校国际化办学努力的方向，也是"双高"计划必须实现的目标。

为进一步提高国际化办学水平和国际影响力，更好地发挥市场营销专业优势并在国际平台上更好地整合职业教育优质资源，市场营销团队积极联系国内外专业协会组织，积极联合国内外职业院校专家学者及企业家,探索组建"协作共同体",激发交流与合作机会,共建共享优质资源,共同促进职业教育发展进步。

2017年3月1日,全球华人营销职教委员会第二次筹备会在农工商学院召开。全球华人营销联盟（GCMF）主席、新加坡营销协会主席袁伟成,全球华人营销联盟副主席兼秘书长、全球华人营销联盟教育委员会负责人、台湾大学教授、台湾行销科学学会秘书长任立中,全球华人营销联盟副主席、全球华人营销联盟教育委员会第二负责人、香港营销师工会主席林少铭,全球华人营销联盟副主席、中国贸促会商业行业分会秘书长姚歆、中国贸促会商业行业分会副秘书长王曦,台湾行销科学学会任育颢等出席了会议,并先后调研、考察了农工商学院校园、市场专业建设、广东农垦集团公司、广垦佳鲜农庄、广垦橡胶集团等,还与农工商学院市场营销专业学生进行了一场交流见面会,分享了关于营销科学、消费者行为习惯、品牌策划、电子商务、商业模式等多个方面的营销内涵和发展趋势。

2017年5月6日,在全球华人营销联盟组织支持并授权和中国贸易促进会商业行业分会的协助下,农工商学院牵头正式成立了"全球华人营销职教委员会",来自中国内地（大陆）、香港、台湾地区和新加坡、菲律宾、泰国、马来西亚等国家和地区的院校及职业教育机构专家学者、企业家等300多名代表参加,广东省教育厅副巡视员胡振敏到会致辞并指导,台北大学教授任立中、泰国正大管理学院院长汤之敏、中国国际商会综合部副部长范培康、广东省商业联合会秘书长杨宏分别以"大数据营销""东南亚营销创新实践""媒体传播在市场营销中发挥的作用""营销案例分析"为题做主题演讲。对此,广东电视台、《南方都市报》《信息时报》、金羊网、凤凰网等多家媒体进行了专题报道。

全球华人营销职教委员会的主要职责是在全球华人营销联盟组织指导下,进一步加强与中国境内外职业院校和相关职业教育机构的联系,一是研究中国境内外职业教育市场营销专业的发展动态,把握市场营销专业教育的发展趋势,为境内外市场营销专业教育教学改革与发展等提供指导意见,更好地发挥委员会协调、咨询、指导和服务的作用;二是建立信息交流平台和渠道,整合中国境内外职业院校市场营销资源,促进境内外职业院校间的交流和合作,为更多的中国境内外职业院校市场营销专业师生开展国际交流并提供帮助;三是总结与推广国际上市场营销专业人才培养的成功经验,促进人才培养质量提升;四是探索建设专业课程资源、研制专业标准,开发市场营销专业国际化人才培养评估体系,促进在中国境内外院校开展和推广自愿性评估工作;五是举办多边或双边职业教育市场营销专业建设研讨会和报告会,以及专业技能赛事等国际会议（活动）;六是加强委员之间的沟通、联系与合作，增强委员会委员的凝聚力、责任感和公益意识；等等。

全球华人营销职教委员会成立后，先后承办 2017 年（新加坡）全球品牌策划大赛中国地区选拔赛、2017 年全国高校商业精英挑战赛品牌策划竞赛，来自国内 23 个省、自治区、直辖市 115 所院校 800 多名选手参加了竞赛；组织国内部分委员赴新加坡参加"全球商业论坛 2017"会议，观摩 2017 年（新加坡）全球品牌策划大赛决赛；举办"营销专业的发展趋势与国际化人才培养"论坛；承办中国贸易促进会商业行业分会举办全国高等学校品牌管理课程骨干教师高级研修班；等等。

全球华人营销联盟（Global Chinese Marketing Federation，GCMF），由 4 个国家和地区的华人组织组成，包括中国、新加坡、中国香港地区和中国台湾地区。分别是 CCPIT-CSC 中国贸促会商业行业委员会（中国国际商会商业行业商会）、MIS 新加坡营销协会、HKIM 香港市务学会和 TIMS 台湾行销科学学会。联盟宗旨在于创新营销智慧、总结营销案例、分享营销成果、推动营销实践、促进营销教育。

二、承担职业教育国际标准研制

职业院校研制职业教育标准并输出应用是国际化办学成熟的重要标志。而承担探索研制职业教育国际化标准需要平台和机遇，并投入大量的人力、物力、财力。2015 年 5 月，中国教育部职业教育研究中心成功申请亚太经济合作组织（APEC）项目"职业教育系统开发绿色技能"（HRD012014A Systematic Design of Green Skills Development in TVET）并获得批准立项。这是新世纪以来中国申请到的第一个 APEC 职业教育项目。该项目于 2015 年 5 月 28 日在北京正式启动。

APEC "职业教育系统开发绿色技能项目"为国内职业院校提供了难得的国际性职业标准研制机会。农工商学院主动参与，并提出主持开发研制"职业教育农业类专业系统开发绿色技能"项目，联合了广东省内的轻工职院、顺德职院、广东科贸职业学院、阳江职业技术学院、揭阳职业技术学院、广州城市职业学院、广东环境保护工程职业学院等 8 所院校，进行了为期一年半的开发研制工作。

绿色技能又称"可持续发展技能"，是指劳动力支持并能有效促进工商业和社区可持续的社会、经济发展和环境友好而需要的技术、知识、价值和态度。绿色技能是通用性技能，包括最大限度地减少资源使用、能够认识能源和资源利用效率的机会、减少温室气体排放、资源回收利用、使用环保产品、保护自然环境等内容。绿色技能是专业技能，主要体现在从事"绿色工作"或"绿色职业"所必须掌握的技术、知识、价值和态度之中。

绿色技能开发是国际职业教育的前沿及热点问题。联合国教科文组织第三届世界职教大会将绿色技能列为大会的专门议题；欧盟"2020战略"提出至2020年，温室气体排放量至少比1990年减少20%，可再生能源比例最终消费比例至少增加20%，为实现这一目标欧盟提出职业教育与培养要开发绿色技能、培养绿色意识的倡议；国际劳工组织也提出了"绿色技能开发的全球视野""可再生能源的职业和技能需求""绿色建设的职业和技能需求"。澳大利亚联邦政府出台有关培养绿色技能的政策文件，如2009年出台的"绿色技能协议"，2010年出台的"绿色技能行动计划"，以及"国家职业教育培训系统可持续政策及行动计划（2009—2012年）"等。从行业角度对如何实现绿色技能目标、实施绿色技能教育与业界互动等方面做了详细规划。

国内农林类职业院校十分重视学生绿色技能的开发，在高职专业目录中增加了生态农业技术、现代农业技术、休闲农业、绿色食品生产与检测等关于绿色农业产业的专业。如农工商学院专门开设了"食品加工技术专业（绿色食品方向）""农产品质量检测专业"等具有绿色农业特色的专业。在涉农专业开设了一些培养绿色技能的课程，如"生态农业""绿色农业生产技术""绿色食品标准与认证""绿色食品加工技术""绿色农产品生产技术""农产品安全与质量控制"等。同时，在其他课程中也引入了关于绿色技能培养的相关内容。

在农业领域的绿色职业有绿色生态农业运营师、观光休闲农业规划师、旅游观光农业导游员、农产品质量检测化验员、农业生产质量管理员等。目前，开设的农业绿色专业有生态农业技术专业、休闲农业专业、现代农业技术专业、绿色食品生产与检验专业等专业。主要在传统的农业技术和现代农业技术的基础上引入了绿色农业技术，如生物肥料、生物农药、污染生物修复、智慧农业及设施农业技术等。包括现代农业高新技术、传统生态农业实践精华、农民累积的经验等在内的农业绿色技术组装集成，然后推进本土化、规模化和规范化的集成创新，特点是农业科学与其他学科、技术的交叉融合，实现现代生态农业技术的创新突破。

同时，根据农业类通用绿色技能开发的标准要求，系统地研究了农业类高职教育绿色技能开发的专业设置、课程体系；按照绿色理念要求，修订完善高职教育涉农专业的人才培养方案；并以绿色农业技术为核心，服务农垦和地方现代农业。

三、持续输出优质职业教育资源

为了更好整合职业教育与培训资源、适应当地政策法规要求等，探索通过农垦海外企业，与当地职业院校建立交流合作关系，形成新型协作链条，探索构建起"国内院校—海外企业—当地院校"的 PEP 机制。其中，PE 是国内院校（polytechnics）联合中资海外企业（enterprises）成立职业教育基地，双导师联合完成学生教学实训、海外员工培训等项目。实训基地由校企双方共同投入办学资源，分享办学效益。EP 是中资海外企业（enterprises）牵头，联合国内院校与当地院校（polytechnics）共建，培养满足海外企业需要的当地人才，服务当地产业发展。创新实现了校企"捆绑"走出去与可持续发展的高职院校国际化办学模式。在具体实践过程中，农工商学院初期尝试通过广垦橡胶泰国沙墩公司，与当地沙墩农业职业技术学院合作交流。在与东南亚职业院校建立广泛交流与合作基础上，将我国现有精品资源共享课、职业教育国家专业资源库等进行推广介绍，如将"商务谈判"课程资源作为交流服务内容向新加坡营销学院、马来西亚砂拉越科技大学和莱拉泰益学院等推广介绍；另外结合发展需要及共同关注的问题，开发新的优质课程资源。

课程依据"一带一路"背景下现代商业人才需具备的基本知识与技能要求，注重商业人才职业能力培养，内容涵盖了广东省对外贸易状况、广东省的自然环境和人文环境、广东省的格局特色、广东省的历史地位和影响、粤港澳大湾区商业环境、广东省沿海经济带商业环境、广东省战略性新兴产业发展分析、广东开展与"21 世纪海上丝绸之路"沿线国家合作与交流情况等。

四、创办海外教育机构

近年来，特别是"一带一路"倡议以来，国内高职院校国际化办学中，多数院校通过自身资源特点创设，或与当地政府、院校、企业合作在海外创办培训中心、学习中心、职业学校，甚至联合大学等在海外创办教育机构，已有较好的探索并获得初步成效，如前面介绍的农工商学院在泰国建立的学习中心、无锡商业职业技术学院在柬埔寨成立的西港工商学院、广东建设职业技术学院在赞比亚建成的赞比亚鲁班学院等，相关章节先后有讨论，在此不再重复。

Reference
参考文献

[1] 汤晓军.中国高等职业教育国际化研究［M］.苏州：苏州大学出版社，2021.

[2] 吕红.中国职业教育国际化策略研究［M］.重庆：重庆大学出版社，2022.

[3] 杨建基.中国职业教育发展及其治理体系研究［M］.北京：中国商务出版社，2021.

[4] 杜方敏，陈慧.中国高等职业教育走出去的探索与实践［M］.北京：经济日报出版社，2022.

[5] 李树陈.现代职业教育理论研究［M］.长春：吉林人民出版社，2020.

[6] 杨群祥.解码高职院校国际化探索创新［M］.广州：广东高等教育出版社，2020.

[7] 崔岩.高等职业教育改革发展研究［M］.北京：北京理工大学出版社，2022.

[8] 王月会，赵冉.高等职业教育国际化人才培养研究与实践［M］.北京：外语教学与研究出版社，2022.

[9] 任君庆，等.宁波高等职业教育国际化研究［M］.杭州：浙江大学出版社，2018.

[10] 杜方敏，陈慧.中国高等职业教育走出去的探索与实践［M］.北京：经济日报出版社，2022.

[11] 罗静，陈昌芸，侯长林.现代职业教育体系背景下应用型学科生态化发展研究［M］.重庆：重庆大学出版社，2022.

[12] 马仁听.新时代高等职业教育国际化理论与实践［M］.北京：中国铁道出版社，2021.

[13] 姜宏.高等职业学校专业教学标准国际化操作指南［M］.北京：北京对外经济贸易大学出版社，2021.

[14] 买琳燕.高职教育国际化发展路径研究［M］.长春：吉林人民出版社，2018.

[15] 温宗胤.交通职业教育国际化技术技能人才培养模式研究与实践［M］.大连：大连理工大学出版社，2022.

[16] 胡英芹.新加坡高等职业技术教育国际化进程与发展模式研究［M］.成都：西南交通大学出版社，2021.

[17] 杨玥.多元主体协同视角下职业教育国际化的推进策略与路径研[M].北京：中国商务出版社，2020.

[18] 刘建林，朱晓渭.陕西高等职业教育改革创新实践研究[M].北京：北京理工大学出版社，2020.

[19] 牛增辉.高等职业教育国际化路径探析：基于人本主义视角[M].北京：知识产权出版社，2019.

[20] 王晞.新时代职业教育教师队伍专业化建设与发展[M].北京：北京理工大学出版社，2019.

[21] 谢敏.区域中等职业教育发展与规划研究[M].长春：吉林人民出版社，2021.

[22] 陈正江.中国特色高等职业教育发展与政策研究[M].杭州：浙江工商大学出版社，2021.

[23] 周建松，陈正江.中国特色高等职业教育发展道路探索与研究[M].杭州:浙江工商大学出版社，2020.